KB138129

Mr. WILLIAM
SHAKESPEARE

헨리 8세
All Is True

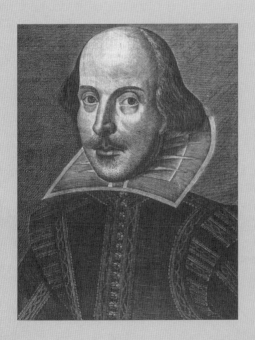

국립중앙도서관 출판시도서목록(CIP)

헨리 8세 / 셰익스피어 지음 ; 김정환 옮김. ― 서울 : 아침이슬, 2012
   p. ;   cm. ― (셰익스피어 전집 ; 23)

원표제: All Is True
원저자명: William Shakespeare
영어 원작을 한국어로 번역
ISBN 978-89-6429-131-3 04840 : ₩10000
ISBN 978-89-6429-132-0(세트)

영국 희곡〔英國戲曲〕

842-KDC5
822.33-DDC21   CIP2012004217

헨리 8세
All Is True

모든 게 진실이다

셰익스피어 지음 | 김정환 옮김

아침이슬

일러두기

운문과 산문 구분을 명확히 했고, 행갈이를 원문과 똑같이 맞추었다. 각 작품을 잘 쓰인 시집 한 권 대하듯 읽으면 적당할 것이다.

등장인물

프롤로그

헨리 8세 왕

버킹검 공작

에이버게브니 경 ⎤
　　　　　　　 ⎥ 그의 사위들
서리 백작 ⎦

노포크 공작

서포크 공작

궁내장관

대법관

샌즈 경 윌리엄 샌즈 경이라고도 부름

토머스 러벨 경

앤서니 데니 경

헨리 길포드 경

울시 추기경

두 서기

버킹검의 재산 감독관

캄페이우스 추기경

가디너 왕의 새 비서, 훗날 윈체스터 주교

그의 시동

토머스 크롬웰

크랜머 캔터베리 대주교

캐서린 왕비 훗날 왕자 미망인 캐서린

그리피스 그녀의 의정관

페이션스 그녀의 시녀, '인내'

다른 여자들

여섯 유령들 환각 중 캐서린 앞에서 춤을 추는

전령

카푸티우스 경

앤 불린

노부인

브랜든 ⎤
　　　　⎥ 버킹검과 에이버게브니를 체포하는 두 사람
왕실 경위 ⎦

니콜라스 복스 경 ⎤
법정관리들 ⎥
　　　　　 ⎥ 버킹검이 재판에 회부된 이후
도끼창병들 ⎥
평민들 ⎦

두 성당지기
두 서기
캔터베리 대주교
링컨 주교
일라이 주교
윈체스터 주교   교황 사절 법정에 나오는
세인트 에이사프 주교
두 사제
왕실 경위
두 귀족
정리

세 신사
두 재판관
소년 성가대원들
런던 시장
가터 문장관   대관식에 나오는
도싯 후작
다섯 항구의 네 남작
스토크슬리 런던 주교
노포크 공작의 노 미망인
백작 미망인들

문지기
버츠 박사 어의   크랜머 재판에 나오는
문장관들, 시동들, 급사들, 마부들

수문장
그의 부하
두 시의회 의원
런던 시장
가터 문장관   세례식에 나오는
여섯 귀족들
노포크 공작의 노 미망인 대모
아기 엘리자베스 공주
도싯 후작부인 대모

에필로그
귀부인들, 신사들, 하인, 수비대 병사들, 시종들, 트럼펫 연주자들

프롤로그

프롤로그　저의 등장은 더 이상 여러분 웃기려는 게 아닙니다. 이 작품은

　　그 이마가 무겁고 진지하지요,

　　슬프고, 고상하고, 비애 넘치고, 장엄과 비탄 가득한─

　　눈에서 눈물을 끌어낼 그런 고결한 장면을

　　우리가 이제 보여 드리죠. 이 작품 대목에 동정할 수 있는 분

　　가능하지요, 그게 좋다는 생각이 들면, 눈물을 흘리는 일이.

　　주제가 그것에 값할 테니까. 혹시 믿을 수 있을 거라는

　　희망에 입장료를 내신 분,

　　찾을 수 있지요 이 작품에서 진실을, 또한. 보러 오신 게

　　괜찮은 볼거리 한두 개고, 그쯤이면

　　연극으로 괜찮다 하실 분, 잠자코, 또 기꺼이 계신다면,

　　약속드리지요, 그분들의 특석 입장료 실링화가

　　넉넉은 해도 아깝지는 않을 단 두 시간을. 다만 혹시

　　들으러 오신 게 즐겁고 음탕한 연극,

　　방패 시끄럽게 부딪치는 소리거나, 보러 오신 것이

　　노랑 테두리 얼룩덜룩 옷차림 친구인 분은,

실망하실 거예요. 왜냐면, 고결하신 관객님, 아셔야 할 것이
우리가 택한 진실을 광대나 싸움 따위
볼거리와 같은 급으로 친다면, 우리 자신의 두뇌 수고와,
전적으로 진실한 재현 선사라는 우리 의도가 헛되는데다,
우리를 이해하는 친구 한 명 안 남게 될 것이거든요.
그러니, 아무쪼록, 그리고 여러분은 이 도시의
최초이자 가장 행복한 관객으로 알려지신 분들이니,
진지해 주십시오 우리 연극을 따라. 생각하세요 본다고,
고결한 우리 이야기의 바로 그 인물들을
살아 있는 그대로, 생각하세요 본다고, 그들, 직위가 높고,
군중 전체가 뒤따르고 천의 친구들의
땀이 떠받치는, 그런 다음, 일순, 보십시오
얼마나 빨리 이 강력함이 비참한 신세를 맞는지.
그리고 그때도 여러분이 유쾌할 수 있다면, 제가 할 말,
'사람이란 자기 결혼식 날 울 수도 있다'가 되겠습니다.

    퇴장

제1막

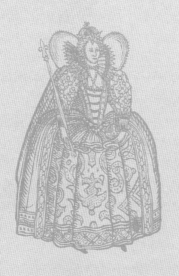

하지만 보시오,
이토록 고결한 재능이 결국은
잘못 쓰인 걸로 드러날 때, 마음이 일단 썩으면 말요,
그 모습 흉하게 바뀌어 열 배 더 추악하지,
이전 아름다웠던 것보다 열 배 더.

1막 1장
런던 궁정

🎵

연극 내내 닫집 아래 상석. 노포크 공작이 한쪽 문으로 다른 쪽 문
으로 버킹검 공작과 에이버게브니 경 등장

버킹검 〔노포크에게〕 안녕하시오, 반갑구요. 어떻게 지내셨소
　　저번 프랑스에서 만난 이래?
노포크 경께서 염려해 주신 덕분입니다,
　　건강하고, 그 뒤로 줄곧 열심으로 감탄 중이지요
　　내가 거기서 본 것에 대해.
버킹검 때 아닌 학질에 걸려
　　이 몸은 내 방에 갇혀 있게 되었소 하필
　　그 영광의 태양들, 인간들의 빛 두 분이
　　아드레 계곡에서 만나실 때에 말이오.
노포크 기스네와 아드레 사이였지요.
　　제가 그때 참석, 보았습니다 두 분의 마상 인사를,
　　보았지요 두 분이 말에서 내리고, 두 분이 꼭 붙어
　　마치 함께 자란 사이처럼 서로 끌어안는 것을,
　　그리고 정말 그러셨다면, 옥좌에 오른 분 넷이 모인들,
　　어찌 무게가 더 다 나갈 수 있다 했겠습니까
　　이런 일심동체보다?

버킹검　그 모든 일이 벌어지던 내내
　　　　난 내 방에 갇힌 죄수였으니.
노포크　그렇다면 경께서는 놓치신 겁니다
　　　　지상 영광의 광경을. 이런 말도 가능해요
　　　　이제까지 화려 장관은 미혼이었으나, 이제 결혼하여
　　　　더 나은 하나로 되었다. 뒤따르는 나날이 전날을
　　　　배우고 청출어람 하다가, 마침내 마지막 날
　　　　최고의 장관이 연출되었죠. 오늘 프랑스인들이
　　　　온통 금으로 온통 반짝이며, 이교도 신들처럼
　　　　잉글랜드인을 빛에 잠기게 하면, 내일은 그들이
　　　　아예 브리튼을 인도로 만드는 거예요. 서 있는 사람 누구나
　　　　하나의 금광처럼 보였어요. 그들의 왜소한 시동들
　　　　아기천사상 같았죠, 전신을 금칠한. 숙녀들, 또한,
　　　　막일을 안 해 봤겠으나, 자칫 땀을 흘릴 판이었어요. 무거운
　　　　머리 장식을 지고 있느라, 그래서 그들의 수고 자체가
　　　　뺨을 연지 바른 듯 붉게 물들였구요. 이제 이 가장행렬이
　　　　비길 바 없다는 찬사를 받는가 싶더니, 다음 날 밤이
　　　　그것을 바보 및 거지 행렬로 만들어 버리는 거라. 두 분 왕,
　　　　광휘가 같았으니, 어떤 때는 최고, 어떤 때는 최악,
　　　　어느 분이 임석하셨는가에 따라서 말이죠. 눈에 띄는 왕이
　　　　늘 경탄을 받았고, 두 분이 같이 계시면,
　　　　두 분은 완전히 하나라서, 바라보는 어느 누구도 감히
　　　　우열을 가리는 혀를 나불거릴 수 없었답니다. 두 태양—
　　　　사람들이 그리 불렀으니까요—두 분께서 전령을 통해
　　　　무술시합 청했더니, 고결한 기사들이 펼치는 광경이

상상을 초월하는지라, 옛날의 전설에 불과하던 이야기들
이제는 충분히 가능하고, 심지어 그럴 법해 보였다지요,
햄튼의 베비스 경 이야기조차.

버킹검 오. 너무 가시는구려!

노포크 내가 귀족인 만큼, 그리고 정직을
명예로 생각하는 만큼 간 겁니다, 말로 하면 모든 것이
아무리 잘해도 잃게 되지요. 어떤 생생함,
사건 그 자체가 전해 주는 그것을. 일체 위풍당당이었어요.
진행에 거슬리는 데가 전혀 없었습니다.
각각 질서가 정연했지요. 각각의 담당자가
기능을 제대로 발했고요.

버킹검 누가 이끌었소—
내 말은 누가 짜 맞추었다고 보오,
이 거대한 볼거리의 몸체와 사지를?

노포크 분명, 전혀 예상치 못한 인물이었지요,
이런 일에.

버킹검 글쎄 그게 누구냐니까요, 공작?

노포크 이 모든 것을 꽤나 재량권을 발휘하며 총괄한 것은
올바르고 존경할 만한 요크 추기경이었습니다.

버킹검 악마는 그런 자 안 잡아가고 뭐한담! 먹을 거라면 누구 것
이든
야망의 손에 쥐고 놓질 않으니. 지가 무슨 상관이야,
이 과도한 허영 놀음에? 자칫하면,
이런 비계 덩어리가, 바로 그 비대한 체구로,
은총 내리는 태양의 광선을 차지,

대지로부터 가로막을 수도 있으렷다.

노포크 바로 그겁니다, 공작.

　　　그는 그럴 소지가 다분하지요.

　　　혈통이 좋아서, 조상 덕으로

　　　탄탄대로를 밟은 경우도 아니고, 이렇다 할

　　　무훈을 국왕께 세워 드렸거나, 동맹을

　　　고관대작들과 맺은 경우도 아니고, 다만 거미와 같이,

　　　제 몸에서 뽑아낸 거미줄로, 그는 내색을 하지요,

　　　오로지 자신이 훌륭해서 출세했다는―

　　　하늘이 그에게 준 재능으로

　　　국왕 다음 자리에 올랐다는 거죠.

에이버게브니 난 모르겠어요

　　　하늘이 그자에게 뭘 줬는지―그건 눈 밝은 사람이나

　　　간파하라 그러고. 내 눈에 보이는 건 그의 오만입니다.

　　　몸 도처에서 바깥을 엿보는. 그런 오만이 어디서 났을꼬?

　　　지옥이 준 게 아니라면, 악마가 구두쇠이거나

　　　이미 다 줘 버려서, 그자가 시작했거나 둘 중 하나지요,

　　　스스로 새 지옥 하나를 말입니다.

버킹검 왜 그 악마가,

　　　이번 프랑스 여행 때, 주제넘게,

　　　국왕의 직접 재가도 받지 않고 임명한 거지

　　　함께 갈 사람들을? 그가 짠 명단이란 게

　　　온갖 명문가 출신들이지만, 대개는

　　　부담 잔뜩 지우고 명예는 쥐꼬리만큼

　　　주려는 속셈에 딱 들어맞지, 그가 자기 이름자 하나로,

추밀원을 무시하고,

강제 동원을 했단 말이지.

에이버게브니 정말 내가 아는

내 친척들―최소한 세 명―은

이번 일로 재산이 너무 축나

예전처럼 부유해지기는 영 글러먹었다고 하던데요.

버킹검 오, 숱한 이들

등골이 부서졌지, 장원을 팔아

이 거창한 여행 경비를 대느라. 이 흥청망청이 한 게 뭐요

시시한 협약 체결에 자기 자손

망조 들게 한 것 말고는?

노포크 심히 유감스럽게도 전

프랑스와 우리 사이 평화 조약은 값하지 못한다고 봐요

그것을 이끌어 낸 비용에 말이죠.

버킹검 각 사람 모두

체결에 이어 엄청난 폭풍이 몰아치자,

어떤 감에 사로잡혔지, 그리고, 서로 의논도 없이, 일제히

예언을 해 댔소―이 폭풍우가,

이 평화의 의상을 세차게 펄럭여 대는 폼이, 조짐이라고,

평화가 급작스레 부서질 조짐 말이오.

노포크 그리되었지요―

프랑스가 동맹을 배반하고, 압류했잖습니까

우리 상인들 상품을 보르도에서.

에이버게브니 그 일 때문에

대사가 꿀 먹은 벙어리였던 겁니까?

노포크 물론이오.

에이버게니 허울뿐인 평화다, 구매

　　　　가격도 터무니없이 비쌌군요.

버킹검 비싸고말고, 이 모든 것을

　　　　감독한 사람이 존경할 만한 우리 추기경이오.

노포크 이런 말씀 뭐합니다마는,

　　　　왕국이 주시하는 바입니다, 개인적인 불화가

　　　　공작과 추기경 사이 있는 것을. 충고 한 말씀 드리자면—

　　　　그것을 드리는 마음의 바람은 공작의

　　　　명예와 탄탄한 안전이고요—부디 가늠하소서

　　　　추기경의 악의와 힘을

　　　　함께. 더 나아가 고려하셔야 할 점은

　　　　그의 지독한 적개심은 엄연한 실행력을

　　　　갖춘 그것이라는 거죠. 추기경 성격 아시잖아요.

　　　　그는 복수심이 강하고, 내가 알기로 그의 칼은

　　　　날카롭고—길고, 이런 말씀 뭐하지만

　　　　멀리 가닿고, 미치는 않는 곳이면

　　　　던져서라도 해코지할 위인이죠. 새겨 두세요 제 충고를,

　　　　건강에 좋으실 겁니다. 보세요, 저기 그 암초가 오는군요,

　　　　피하는 게 좋을 거라고 제가 충고드렸던.

　　　　　대법관 인장이 들린 자루를 앞에 들리고 울시 추기경, 위병 두 명
　　　　　및 서류를 든 서기 두 명과 함께 등장, 지나가면서 울시는 버킹검
　　　　　을, 버킹검은 울시를 경멸의 눈초리로 쏘아본다.

울시 추기경 〔한 서기에게〕 버킹검 공작 재산 감독관, 왔나?

그의 보고서는?

서기 이겁니다, 추기경님.

울시 추기경 직접 출두했고?

서기 예, 추기경님.

울시 추기경 음, 그럼 더 자세히 알게 되겠군, 버킹검은
     거만한 낯짝이 쫄아 들겠고.

    울시 추기경과 그 일행 퇴장

버킹검 저 백정 똥개가 입으로 독을 뿜는구나, 나는
     저 주둥이에 재갈 물릴 권력이 없고, 그러니 상책이지
     잠든 저놈을 깨우지 않는 것이. 학문 깨친 거지가
     더 위세로다 귀족 혈통보다.

노포크 아니, 성을 내시는 겁니까?
     하나님께 비세요 자제력을 달라고. 이러다가 정말
     큰일 치르시겠어요.

버킹검 저자 낯짝을 보니
     나랑 해보자는 게야, 눈초리는 날 매도하는 것이
     내다버린 물건 대하듯 했고. 지금
     저자가 내 걸 해 처먹겠다는 거야. 국왕한테 갔다구—
     내 뒤따라가서, 표정으로 눌러 버릴 테다.

노포크 그러지 마시고, 공작님,
     이성이 따지게 하세요 성마름한테
     도대체 어쩔 셈이냐고. 가파른 언덕을 오르려면
     처음에는 느리게 걸어야죠. 노여움은 흡사
     한껏 열 오른 말과 같아서, 고삐가 풀리면,

제 성깔에 제가 지쳐 버리는 법. 잉글랜드에서 가장 좋은
충고를 제게 해 주는 공작님이신데. 본인이 따르셔야죠
친구들에게 해 주신 충고를.

버킹검 난 국왕께 갈 테요,
가서 명예의 입으로 아예 고함을 쳐서 눌러 버리겠소
이 입스위치 출신 따위의 오만을, 아니면 선포해 버리던가,
신분 철폐를 말이오.

노포크 조심하셔야 합니다.
적 때문에 화덕을 마구 달구다가
스스로 그을릴 수 있지요. 마구잡이로 속도를 내면,
앞지를 수 있어요 우리가 겨냥하던 것을,
앞지른 만큼 손해를 보는 거고요. 모르십니까
불은 액체를 끓어 넘치게 하면서,
늘리듯 날려 버린다는 것을? 제 말 들으세요.
다시 말씀드리지만 잉글랜드에서 공작님을 인도할
가장 강력한 인물은 공작님 자신이에요,
이성의 수액으로 공작님께서 끄신다면,
아니 완화만 하시더라도, 그 격노의 불을 말이죠.

버킹검 경,
당신께 감사하고, 따르리다
당신의 처방, 하지만 이 오만하기 짝이 없는 작자를—
악의에 갑자기 불타서가 아니라,
순수한 동기로 그렇게 부르는 것인데—은밀한 정보와,
분명하기 7월 샘물 속 자갈 한 알 한 알 우리가
보는 것 같은 증거에 의거, 나는 정말 알고 있소,

부패 관료이자 반역자로.

노포크 　'반역자'라는 말은 마시죠.

버킹검 　국왕께 그리 말할 것이고. 내 주장을 탄탄하기
　　　바위 해변 같게 하겠소. 잘 들어요. 이 성직자 여우,
　　　혹은 늑대, 혹은 둘 다는—그는 게걸스러운 만큼이나
　　　교활하고, 악행을 저지를 기질만큼이나
　　　그 수행 능력이 있거든, 그의 마음과 높은 지위가
　　　서로를 오염시키며, 그래, 상호적으로 말이지—
　　　오로지 자신의 위세를 프랑스에서도
　　　이곳 국내에서처럼 떨쳐 보려고, 꼬신 것이오 국왕 주군을
　　　이번의 값비싼 조약에로, 그 회합,
　　　숱한 보물을 집어삼키고는, 유리잔처럼,
　　　헹구려니까 깨져 버린 그것 말이오.

노포크 　맞아요, 깨졌고요.

버킹검 　내 말 끊지 말아 주시오, 경. 이 교활한 추기경이,
　　　조약 내용을 작성했어요
　　　자기 멋대로, 그리고 그 내용이 인준되었죠
　　　그의 '이렇게 합시다' 한 마디에, 그 효력이란,
　　　죽은 놈한테 지팡이 준 격. 허나 어쨌든 우리 백작-추기경이
　　　이 일을 해냈고, 훌륭한 울시한테 잘됐고,
　　　잘못할 리 없는 사람이라니, 그가 해냈달 밖에. 자 그다음은—
　　　그건 뭘까, 일종의 강아지지,
　　　모반을 암캐로 본다면—신성로마와 스페인 황제 샤를이,

자신의 숙모인 캐서린 왕비를 본다는 구실로―

그게 정말 그의 알리바이였지만, 사실은

울시와 밀담을 위해서―방문하는 거요 우리 나라를.

그의 우려는 회합이

잉글랜드와 프랑스 사이 이루어져 생겨날 우호가

그를 불리하게 만들 수 있다는 거였지, 이 동맹에서

엿보이는 해악들이 그를 위협했으니. 남몰래 그가

거래하오 우리 추기경과 그리고, 내가 믿기로는―

아니 확신하오, 분명 황제는

지불했어 약속도 받기 전에, 하여 소청은 받아들여졌고,

부탁도 하기 전에 말이지―근데 길이 닦이고

황금으로 포장되고 나서, 황제가 원하는 걸 말하는데

울시가 어떻게든 왕의 방침을 바꾸게 하여

앞서 말한 평화 조약을 깨 달라는 거야. 왕께서 아셔야 하
오,

내 곧 알려 드릴 것인 바, 이 따위로 추기경이

사고판다는 것을, 왕의 명예를 추기경 멋대로,

자기 사욕을 채우려고 말이오.

노포크 유감이군요

그의 이런 평판을 들으니, 바라지 않을 수가 없네요,

한 대목이라도 오해이기를.

버킹검 어김없는 사실이오, 단어 하나까지.

내 선언컨대 바로 그 모습일 것이오

그의 실제는.

브랜든이, 왕실 경위를 앞세우고, 호송병 두세 명과 함께 등장

브랜든 공무를, 경위, 집행하시게.

경위 예, 나리.

　　　〔버킹검에게〕버킹검 공작 겸 헤러포드,

　　　스태포드, 그리고 노샘튼 백작 귀하, 저는

　　　귀하를 대역죄로 체포합니다. 지엄하신

　　　국왕 폐하의 이름으로.

버킹검 〔노포크에게〕보시오, 경,

　　　그물이 날 덮쳤잖소. 난 비명에 죽을 거요

　　　속임수와 모략에 짓눌려.

브랜든 유감입니다

　　　나리께서 체포당하시는 것을 어쩔 수 없이

　　　직접 목격하게 되어. 폐하의 뜻이니

　　　탑으로 가셔야겠습니다.

버킹검 아무 소용 없을 것이오,

　　　내가 무죄를 탄원해도, 내게 들인 염색은

　　　가장 하얀 부분도 검게 만들 테니까. 하늘 뜻대로 하소서

　　　이 일과 만사에. 나는 복종합니다.

　　　오, 우리 에이버게브니 경, 잘 지내시게.

브랜든 아니, 저분도 나리와 함께 가야 합니다.

　　　〔에이버게브니에게〕왕께서는

　　　나리도 탑으로 압송하여 기다리게 하라셨습니다,

　　　하회를.

에이버게브니 공작께서 말씀하셨듯,

하늘 뜻대로 하시고 왕의 명

제가 따를 것이오.

브랜든 여기 이 왕명 체포 영장에

적시된 것은 몬테규 경과 공작의 고해 신부

존 들라 카의 인신,

길버트 퍼크라는, 그의 서기—

버킹검 그래, 그렇지,

이들이 역모의 팔다리란 말이지. 그게 다렷다.

브랜든 카르투지오 수도회 수사 한 명.

버킹검 오, 니콜라스 홉킨스?

브랜든 그렇습니다.

버킹검 감독관이 배신했구나. 그 대단한 추기경이

황금을 보여 준 게지. 내 수명은 이미 정해졌어.

나는 그림자로다, 초라한 버킹검의,

그리고 그 모습을 지금 이 순간 구름이 입는다

내 명백한 태양을 흐리며. 〔노포크에게〕 우리 경, 작별이오.

> 노포크가 한쪽 문으로, 버킹검과 에이버게브니가 호위 경계를 받
> 으며 다른 쪽 문으로 퇴장

1막 2장

궁정 추밀원 회의실

코넷 소리. 울시 추기경 어깨에 기대어 헨리 왕, 울시의 두 서기
및 귀족들, 토머스 러벨 경과 함께 등장. 왕이 닫집 아래 옥좌에
오른다. 울시 추기경은 옥좌 아래 오른쪽에 자리 잡는다.

헨리 왕 〔울시에게〕 내 생명 자체와 그 핵심이

　　감사하오, 그대의 이 크나큰 보살핌에. 내가 선 곳은 사선이
었지,

　　총알이 가득 장전된 역모의, 하여 감사드리는 것이오

　　그것을 꺼 준 그대에게. 대령시키라 짐 앞에

　　버킹검의 그 감독관 신사를. 몸소

　　내가 들을 것이다 그가 자신의 진술을 입증하는 것을,

　　그리고 차례차례 그의 주인의 반역 내용을

　　그는 다시 말하게 될 것이다.

정리 〔안에서〕 왕비마마 납시오, 안내는 노포크 공작이시오.

　　캐서린 왕비, 노포크 공작, 그리고 서포크 공작 등장. 그녀가 무릎
　　을 꿇는다. 헨리 왕이 옥좌에서 일어나, 그녀를 일으켜 세우고, 그
　　녀와 입 맞춘다.

캐서린 왕비 아닙니다, 더 꿇고 있어야 해요. 청이 있습니다.

헨리 왕 일어서시고, 짐 옆에 자리하시오.

〔그가 그녀를 곁에 앉힌다〕

왕비의 소청 중 반은

짐에게 말하실 것 없소. 왕비는 짐의 권력 절반을 가지셨고,

나머지 절만은 부탁하기 전에 내가 들어드렸소.

원하는 걸 말씀하시고 가지시구려.

캐서린 왕비 감사합니다 폐하.

폐하께서 스스로를 사랑하시고, 그 사랑으로

폐하의 명예와 폐하 소임의 위엄 또한

소홀히 마시라는 것이, 요점이옵니다,

제 청원의.

헨리 왕 나의 왕비, 말씀 계속해 보시오.

캐서린 왕비 내게 알려 주었습니다, 적지 않은,

그리고 진정 충성스런 분들이, 폐하의 신민들은

엄청난 고통을 겪고 있다고요. 그들에게

내려진 조처가 부쳤다는 겁니다, 마음,

온갖 충성의 마음을, 그 문제로, 비록,

훌륭하신 우리 추기경, 사람들이 비난을

그대한테 가장 격렬하게 퍼붓지만, 이 가혹한 징세의

선동자로 말이오, 우리의 주군 국왕도―

하늘이여 그의 명예를 땅에 떨어뜨리지 마소서―피할 수 없

답디다

무엄한 언사를, 그렇소, 어느 정도냐면 충성의

옆구리를 부수고, 거의

요란한 모반처럼 보이는.

노포크 '거의 보이는' 게 아니라—

　　　　정말 보이죠, 이 징세 조처로,

　　　　양모 상인 모두가, 숱한 고용자들을

　　　　유지 못하고, 떠나보냈습니다

　　　　실 잣는 여자, 빗는 자, 마전장이, 직공들을, 그리고 이들은,

　　　　다른 직업을 갖지 못하고, 어쩔 수 없이 굶주림과

　　　　생계 수단 결핍 때문에, 절망적인 몸부림으로

　　　　결과의 수용을 완강히 거부하면서, 모두 법석을 떨고,

　　　　못된 짓이 그들 사이 횡행하고 있습니다.

헨리 왕 징세?

　　　　어디에, 그리고 무슨 명목의? 우리 추기경,

　　　　그대는 그것 때문에 나와 같이 비난받는다 하니,

　　　　알고 계시오 이 징세에 대해?

울시 추기경 황공하오나, 폐하,

　　　　제가 무엇을 안단들 제가 맡은 극히 일부분의

　　　　국사이고, 앞장선단들,

　　　　대열의 보조를 따를 뿐이옵니다.

캐서린 왕비 아니란 말이오, 추기경?

　　　　경께서 다른 사람보다 더 아는 게 없다? 하지만 경은 조처
를 입안하여

　　　　사람들이 모두 알게 하시잖소, 아니 위해를 가하는 셈이지,

　　　　별로 받아들이고 싶지 않건만, 기어이

　　　　받아들이게 하니 말이오. 이 징세에 대해

　　　　폐하께서 하문하시지만, 이 조처는

　　　　듣기만 해도 역병이 돌 정도고, 그것을 지자면

등이 부서질 게요. 짐이 무거워서. 사람들 말에 의하면

그 입안자는 당신이에요. 아니면 당신이 너무

억울한 비난을 받고 있거나.

헨리 왕 아직도 강제 징수라니!

어떤 성격의? 말해 보시오, 어떤 종류요,

이 강제 징수는?

캐서린 왕비 제가 너무나 무엄하게도

폐하의 인내를 시험합니다만, 감히 여쭙겠습니다

여쭈라 하시니 용서하시리라 믿고요. 신민들의 불만을

야기한 그 포고령 내용은 각각이 모두

자기 재산 육분의 일을 징발한다는 겁니다

지체 없이, 그리고 이 포고령의 핑계로

적시된 게 폐하의 프랑스 전쟁. 이러니 입들이 거칠어질 밖에요.

혀가 자기들 의무를 침 배앝고, 차가운 마음이 얼리죠

자기들 충성심을. 그들의 저주가 이제

판을 칩니다. 예전에는 기도가 성했건만, 그리고 급기야

유순한 복종이 노예가 되고 말았지요

각자 분노한 의지의 노예. 원컨대 폐하께서는

속히 이 문제를 고려하소서, 왜냐면

이보다 더 긴박한 사안이 없나이다.

헨리 왕 내 목숨을 걸고 맹세컨대,

이것은 짐의 뜻이 아니로다.

울시 추기경 그리고 저로 말씀드리자면,

제가 이 안건에서 한 일은

한 표 행사뿐이고, 이 안건이 통과된 것은
학식 높은 심의위원들의 찬성을 통해서였습니다. 내 비록
무지한 자들의 중상에 시달릴지 모르지만, 왜냐면 그들은
내 능력도 됨됨이도 모르면서도 우겨우겨
내 하는 일 가타부타 할 테니, 하지만 어쩌겠습니까
중상은 직위 높은 자가 감당할 운명이고, 미덕이 가야 할
가시밭길이라고 할 밖에. 주저하면 안 됩니다
필요한 행동을 아무래도
악의적인 비난이 일 것 같다는 이유로 말이죠, 그것은 늘,
게걸스런 고기떼처럼, 좇는다는 게
새 돛 단 배들이지만, 얻는 것은
허망한 갈망뿐이니까요. 우리가 간혹 아주 잘한 일을,
부패한, 전엔 멍청했던 해석자들은, 아니라 하지요
우리 공적도, 우리의 최선도. 또한 간혹, 아주 못한 일
아예 바닥을 쳐 버린 일을, 그들은 치켜세웁니다
우리의 최선으로 말이죠. 꼼짝 않고 그냥 서 있는다면,
조롱과 불평이 두려워 제안을 포기한다면,
우리는 앉아 있는 이 자리에 뿌리를 내리게 되거나
국가 지도자 동상들만 앉아 있는 것이거나 둘 중 하나죠.
헨리 왕 일이란 올바르게,
그리고 세심하게 처리되어야, 두려움을 면하는 법,
전례 없이 추진된 일은, 그 결과를
두려워할 만하오. 전례가 있소
이 포고령에? 난 전혀 없다고 보오.
짐의 신민을 짐의 법에서 찢어 내어

제멋대로 갖다 붙여선 안 되지. 각자 재산의 육분의 일?
몸이 부들부들 떨릴 군세로다! 아니, 이건 나무 한 그루당
모든 가지와 껍질과, 일부 목재까지 빼앗겠다는 거 아닌가,
그리고 비록 뿌리는 그냥 두었다 하나, 이리 난도질당하면,
공기가 그 수액을 마셔 버릴 것이다. 이 포고령을 문제 삼은
주마다 짐의 서한을 보내어
무조건 사면을 전하라, 이 조치의
강제 집행을 거부한 각각 모두에게. 부디 잘 처리해 주오—
그대에게 맡기노니.

울시 추기경 〔서기에게〕 내 말 들으라.
각각의 주마다 서한을 써 보내어
국왕의 은총과 사면을 알리라.
〔서기에게 방백〕 앙심 품은 상것들이
날 싸잡아 욕하고 있으니. 소문을 내거라
내가 중재하여 이 철회 및
사면 조치가 나온 거라고. 곧 일러주마
그다음 할 일은. 〔서기 퇴장〕

버킹검의 재산 감독관 등장

캐서린 왕비 〔왕에게〕 유감이옵니다 버킹검 공작께서
폐하의 노염을 사게 되다니.
헨리 왕 숱한 이들 마음을 아프게 했소.
학식 있고, 너무나 뛰어난 웅변가 양반 아닌가,
천부적인 재능은 아무도 못 따르고 교양이 엄청나서
위대한 선생들을 가르치고 키워 내면서도

남의 도움 한 번 구하지 않았을 정도지. 하지만 보시오,
이토록 고결한 재능이 결국은
잘못 쓰인 걸로 드러날 때, 마음이 일단 썩으면 말요,
그 모습 흉하게 바뀌어 열 배 더 추악하지,
이전 아름다웠던 것보다 열 배 더. 그토록 뛰어난 이 사람,
세계의 불가사의에 이름을 올린 사람인데—우리가
거의 마법에 걸린 듯 듣고 있으면 그의 연설
한 시간이 일 분도 안 된 듯 느껴지던—그가, 나의 왕비,
기괴한 형용으로 일그러뜨렸소 미덕,
전에 지녔던 그것을, 그리고 이제 새까매졌소
마치 지옥을 처바른 것처럼. 내 곁에 앉으오. 듣게 될 거
요—
이자는 신임받던 그의 시종이니—
명예가 슬퍼할 이야기를.
〔울시에게〕 다시 해 보라 하시오
앞서 한 역모 이야기를, 그것은,
당하지 않을수록, 많이 들을수록 좋은 것이니.
울시 추기경 〔감독관에게〕 이리 나와서, 용감하게 말하거라, 네가
꼼꼼한 신민으로서 모은 증거가 무엇인지
버킹검 공작을 관찰하면서 말이다.
헨리 왕 〔감독관에게〕 거리낌 없이 말하거라.
버킹검의 재산 감독관 첫째, 그분의 평소 습관, 매일매일
입에 올리는 말은, 왕께서
후손 없이 죽게 된다면, 그가 어떻게든
왕홀을 자기 것으로 하겠다는 거였습니다. 바로 그 말을

제가 들었지요, 그가 자신의 사위,

에이버게브니 경에게 하는 것을, 그에게 맹세도 하더군요

추기경에게 복수하겠다고.

울시 추기경 〔왕에게〕 폐하께서는 부디 주목해 주소서

그자의 위험천만한 발상을, 이 점,

폐하 옥체에 관한 그자의 소원 이뤄지지 않았다는 점에서.

그의 의도는 참으로 악의적인 것이고, 뻗어 갑니다

폐하 너머 폐하의 친구들에게까지.

캐서린 왕비 학문 높으신 우리 추기경,

심한 말씀은 일체 삼가주시오.

헨리 왕 〔감독관에게〕 계속하라.

어떻게 그가 왕관을 차지한다는 것이더냐,

짐이 잘못될 경우? 이 점에 대해 들은 바 있느냐 그가

어느 때든 뭐라 언급하는 것을?

버킹검의 재산 감독관 그가 이리된 것은

니콜라스 홉킨스의 허황된 예언 때문입니다.

헨리 왕 누군데 그 홉킨스라는 자가?

버킹검의 재산 감독관 나리, 카르투지오 수도회 수사입니다,

그의 고해 신부죠. 시시때때로 그에게

왕이 되리라는 말을 해 준 자고요.

헨리 왕 네가 어떻게 그걸 아느냐?

버킹검의 재산 감독관 폐하께서 프랑스로 급히 가시기 얼마 전,

공작께서는 장미 장원, 로렌스 푸트니 성인

교구 내 그곳에 계셨는데, 제게 묻더군요

런던 사람들이 뭐라 수군거리더냐고,

프랑스 여행에 대해 말입니다. 제가 대답했지요
사람들이 걱정하더라 프랑스가 딴마음을 품고,
국왕께서 위험에 빠지지 않을까, 그랬더니 공작은 즉각
말했습니다 정말 걱정이라고, 그리고 이러다가는
사실로 드러날지도 모르겠다고,
그 말을 한 것은 어떤 수도회 수사인데 종종, 공작 말로는,
'그이가 내게 사람을 보내, 부탁하더구나
존 들 라 카, 내 예배당 신부를, 적당한 시간에
보내 달라고, 중대한 얘기를 전할 게 있다는 거야,
그가 내 신부에게 엄숙히 맹세를 시켜 자신이 한 말을
살아 있는 피조물 중 오로지
내게만 얘기케 한 다음, 무거운 속내로
주저하며 이러더래. "왕도 그 후예도",
자네가 공작께 말씀드리게, "잘되지 못할 것이다. 그분께
평민의 사랑을 애써 얻으시라 하게. 공작께서
잉글랜드를 통치하게 될 것이니."' 그랬습니다.

캐서린 왕비 내가 소상히 들은 바,
너는 공작의 재산 감독관이었고, 그 직책을 잃었다
소작인들의 탄원으로. 정말 조심하거라
네 앙심 때문에 고결한 인격을 고발하고
더 고결한 네 영혼을 파멸시키지 않게끔. 조심하라고 했다.
그래, 진심으로 부탁하노니.

헨리 왕 계속하게 두시오.
　　　〔감독관에게〕 얘기하라.

버킹검의 재산 감독관 영혼을 걸고 저는 진실만 말하겠습니다.

제가 그랬지요 우리 공작님께, 악마의 환영에

그 수사분이 속은 걸지도 모른다고, 그리고 위험하다고

그 일을 계속 곱씹으면 급기야

그것이 모종의 계획까지 떠올려 주고, 그걸 믿게 되면,

실행할지도 모른다고요. 그의 대답은, '춧,

위험할 거 전혀 없네'였고, 덧붙여 말했습니다,

왕이 저번 병환으로 죽었다면

추기경과 토머스 러벨의 머리는

이미 날아간 상태일 거라고요.

헨리 왕 하? 뭐라, 그렇게 썼다? 아, 하!

이자는 정말 해악을 타고났도다! 더 할 얘기 있는가?

버킹검의 재산 감독관 예, 나리.

헨리 왕 하라.

버킹검의 재산 감독관 그리니치에 있을 때,

그러니까 폐하께서 공작을 질책하시고 난 다음인데,

윌리엄 벌머 경 일로—

헨리 왕 있었지

그런 적이, 나의 심복이건만,

공작이 제 부하로 챙겼거든. 하지만 계속—그래서?

버킹검의 재산 감독관 '만일', 그가 말했어요, '이 일로 갇혔다면'—

탑 얘긴가 보다 했죠, 저는— '내가 했을 역할은

내 아버지가 하려 했던 그것이었을 게야

찬탈자 리처드 3세한테, 솔즈베리로 온 그에게,

아버지께서 뵙기를 청했고, 허락만 났다면,

무릎을 꿇는 척하다가,

칼로 그를 쑤셔 버릴 작정이었거든.'

헨리 왕   대역죄인이로다!

추기경 울시 〔왕비에게〕 이제, 마마, 폐하께서 마음 놓고 살 수 있겠
    습니까,

        이자를 감옥에서 풀어 주고도?

캐서린 왕비 하나님 모든 걸 고쳐 주소서.

헨리 왕   〔감독관에게〕 더 할 말이 있구나—무엇이냐?

버킹검의 재산 감독관 '그의 아버지 공작' 다음, '칼' 대목에서,

        그는 몸을 똑바로 세우고, 한 손은 단검에 대고,

        다른 손은 가슴에 펼치고, 눈을 부릅뜨며,

        무시무시한 맹세를 내뱉었는데 그 내용은,

        만일 푸대접을 받는다면, 그가 능가할 것이다

        자기 아버지를, 진짜 실천이

        망설이는 의도를 능가하는 만큼, 뭐 대충 그랬습니다.

헨리 왕   그게 그의 궁극적 목적이군—

        짐의 몸을 자신의 칼집 삼는 것. 그가 체포되었겠다.

        당장 그를 법정으로 소환하라. 만일 법이

        그에게 자비를 베푼다면, 자비를 베풀리라. 그렇지 않다면

        짐의 자비를 구하게 하지 말라. 낮이나 밤이나

        그자는 최악의 반역자로다.

            화려한 취주. 모두 퇴장

1막 3장

궁정

🎵

궁내장관과 샌즈 경 등장

궁내장관 이럴 수가 있단 말요. 프랑스 주문이 마법을 걸어
    사람을 이리 괴상한 신비 의식에 찌들게 하다니?

샌즈 새로운 풍습은,
    설령 전례 없이 우스꽝스러울망정—
    심지어, 사내답지 못할망정—유행하기 마련이오.

궁내장관 내가 본 바로는, 우리 잉글랜드인이 기껏
    저번 프랑스 여행으로 얻은 거라고는 오로지
    요상한 표정 한두 가지뿐이오. 하지만 약빠른 표정이지,
    그 표정을 지으면 곧바로 단언케 되거든
    그 콧대야말로 자문역 콧대라고,
    페펭이나 클로타리우스의 자문역, 그땐 그걸로 다스렸지.

샌즈 모두 다리를 새로 바꾼 게요, 게다가 절뚝거리는 다리로. 말
    되지요.
    전에 그들이 걷는 걸 본 적이 없는 사람은, 설령 말 뼈혹병
    혹은 말 절름증이 창궐 중이라고 여긴단들.

궁내장관 주님의 죽음에 맹세코, 경,
    복장이 이토록 이국풍인 걸 보면

그들이 기독 세상을 나달나달하게 만든 것이 분명하오.

〔토머스 러벨 경 등장〕

그래—

무슨 소식이오, 토머스 러벨 경?

러벨 실로, 장관님,

별 소식은 없고 다만 새 포고문이

궁정 대문에 뚝딱 붙어 있던데요.

궁내장관 왜?

러벨 여행 다녀온 우리 한량들을 개조하겠다는 거죠

궁정을 온통 쌈질, 객쩍은 소리와, 재단사로 채우고 있으니.

궁내장관 거 잘됐군 그래. 이제 기도해야겠군 우리 '므슈'들이

잉글랜드 궁정신하들 현명하다고 생각하게끔

루브르 궁정 본 적 한 번 없더라도 말이지.

러벨 그래야 하고요,

포고문 취지가, 버리라는 거거든요 그 유풍,

그들이 프랑스에서 묻혀 온 어리석음과 장식의 그것을,

그들이 명예로 치는 그 모든 무지,

그와 연관된 그것과 함께—결투와 오입질 따위,

자기보다 더 훌륭한 사람을 모욕하느라

외국의 지혜를 써먹는 짓거리, 깨끗이 포기하라는 거죠

그들이 좋은 걸로 아는 테니스와 목이 긴 양말,

짧고 부풀린 바지, 그리고 여행의 얼룩을—

그리고 다시 멀쩡해지라는 거죠, 정직한 사람답게,

아님 돌아가든가 옛 놀이 동무한테. 거기면, 그럼요,

그들이, 마음 놓고, 오냐오냐 하며 빠져들 수 있죠

음탕의 가장 낮은 나락까지, 비웃음은 사겠지만.

샌즈 약을 처방해 줘야 할 땝니다. 그들 질병이
　　　워낙 전염성이라.

궁내장관 얼마나 애석할까 우리 부인들은
　　　잘 차려입은 이 맵시꾼들을 못 보게 되었으니!

러벨 맞아요, 정말.
　　　초상난 거나 다름없죠, 여러분. 그 교활한 녀석들
　　　숙녀들 자빠트리는 재주 하나는 날래다니까.
　　　프랑스 노래와 깽깽이한테는 도저히 당할 수가 없어요.

샌즈 악마나 깽깽대라지! 그들이 가면 난 좋아요.
　　　그들 방식을 고친다는 건 분명 불가능하니까. 이제
　　　정직한 시골 영주 하나, 나 말이요. 오래전 노는 판
　　　밖으로 밀려났지만, 장식 없는 선율이나마 한 곡조 꽝,
　　　하면 1시간쯤 청중을 사로잡을지 모르지, 그리고, 정말,
　　　요즘 노래로 들릴지도 모르지.

궁내장관 말씀 근사하시네요, 샌즈 경.
　　　망아지 이빨이 아직 건재하신가?

샌즈 그렇습니다, 우리 경.
　　　꽉 박혀 있으니 앞으로도 그럴 것이고.

궁내장관 〔러벨에게〕 토머스 경,
　　　어디로 가던 길이었소?

러벨 추기경 저택으로요.
　　　장관께서도 초대받으셨잖습니까.

궁내장관 오, 맞아요.
　　　오늘밤 그분이 만찬을 여신다 했지, 성대하게,

여러 영주와 귀부인들에게. 참석할 것이오

경국지색들이, 내 보장하지.

러벨 그 성직자분은 마음이 정말 아낌없으시네요,

손은 우리를 먹이는 대지처럼 크시고 말이죠.

그의 이슬이 미치지 않는 곳 없을 겁니다.

궁내장관 분명 고결하신 분이오.

그의 관대함을 부인하는 입은 검은 입일 터.

샌즈 그럴 만하지요, 장관님. 재산이 그만하니. 그가

인색을 떤다면 나쁜 이단보다 더 나빠 보일 것이오.

그런 직책이면 손이 아주 커야지.

모범을 보이라는 자리 아니겠습니까.

궁내장관 사실, 그렇지만,

드물거든요 그리 대단한 모범은. 내 배가 대기 중입니다.

경도 함께 가시죠. (러벨에게) 갑시다, 착한 토머스 경,

안 그러면 늦을 텐데, 난 그러면 안 될 것이,

부탁을 받았답니다, 헨리 길포드 경과 함께,

오늘 밤 접대역을 해 달라는.

샌즈 제가 장관님을 모시죠.

　　　모두 퇴장

1막 4장

웨스트민스터, 울시 저택 요크 플레이스 내 연회장

♆

오보에 소리. 울시 추기경용 작은 탁자와 손님용 긴 탁자를 들고
등장하여 작은 탁자를 상석 닫집 아래 배치하고 손님용 탁자를 붙
인다. 그런 다음 한쪽 문으로 앤 불린과 다른 여러 귀부인 및 신사
손님들이, 다른 쪽 문으로 헨리 길포드 경이 등장

길포드 숙녀분들, 두루 환영하신다는 추기경 각하의
　　　　인사 말씀 모두에게 전합니다. 오늘 밤을 바치신답니다
　　　　아름다운 만족과 여러분께. 이 자리 누구도, 그분 생각은,
　　　　이 고결한 모임에, 지니고 오시지 않았으리라는 겁니다,
　　　　바깥의 근심을 일체. 그분은 모두 유쾌하시기를 바라시죠
　　　　축제, 훌륭한 일행, 훌륭한 포도주, 훌륭한 환영이
　　　　훌륭한 사람을 만들 수 있는 거니까요.
　　　　　〔궁내장관, 샌즈 경, 그리고 토머스 러벨 경 등장〕
　　　　　〔궁내장관에게〕 오, 장관님, 늦으셨군요.
　　　　이 아름다운 모임에 대한 생각 그 자체가
　　　　제게는 날개를 달아 주던데요.
궁내장관 당신은 젊잖소, 해리 길포드 경.
샌즈 토머스 러벨 경, 추기경께서
　　　　내 세속적인 꿈심의 반만 지니셨더라도, 이 자리 몇몇 분께

수상한 음료라도 내놓았더라면, 좌정하시기 전에 말이오,
더 좋아들 하셨을 텐데. 내 목숨을 걸고 맹세컨대,
정말 하나같이 달콤한 미인들이 모이셨군요.

러벨 오. 나리께서 고해 신부 역이시기만 하다면,
이분들 중 한두 명의 고해는 문제없었을 텐데.

샌즈 그러게 말이오.
쉽사리 고해했을 텐데.

러벨 정말요. 얼마나 쉽사리?

샌즈 깃털침대가 얼마나 편하냐에 따라.

궁내장관 상냥하신 숙녀분들, 앉아 주실까요?
[길포드에게] 해리 경,
그쪽 앉는 자리 배치를 맡아 주세요. 난 이쪽을 맡을 테니.
[그들이 긴 탁자에 둘러앉는다. 안에서 시끄러운 소리]
각하께서 입장하십니다. 아니, 얼어 버리면 안 되죠—
여자 두 분이 같이 앉으면 한겨울 아닙니까.
우리 샌즈 경, 경께서 두 분을 피가 돌게 해 주셔야겠네요.
부디 두 숙녀분 사이에 앉아 주시죠.

샌즈 물론입니다,
경께 감사드리고요.
[그가 앤 불린과 다른 숙녀 사이 앉는다]
실례가 안 된다면, 상냥하신 숙녀분들.
제가 혹시 말이 약간 거칠더라도, 용서 바랍니다.
아버님한테서 물려받은 버릇이라서요.

앤 선친께서 난폭하셨나요, 경?

샌즈 오, 거의 광란이었죠. 엄청 광란—사랑, 또한.

하지만 물린 사람은 하나도 없죠. 딱 지금 저처럼,
숨 한 번에 입맞춤 열 번이셨으니.

    그가 그녀에게 입을 맞춘다.

궁내장관 잘하셨소, 경.
    그럼 모두 잘 앉으신 것 같군요. 신사분들,
    속죄는 여러분 몫입니다. 이 아름다운 숙녀분들이
    눈살을 찌푸리고 자리를 뜰 경우.
샌즈 내가 신경 쓸 대목에 대해서는,
    내가 알아서 하리다.

    오보에 소리. 울시 추기경이 등장하여 상석 닫집 아래 작은 탁자
    의 자기 자리에 앉는다.

울시 추기경 환영하오, 나의 아름다운 손님들. 고결하신 숙녀분
    혹은 신사분 누구든 맘껏 즐기지 않는다면
    제 친구가 아니지요. 이 잔은, 저의 환영을 확인하기 위해,
    그리고 여러분 모두에게, 건강을 기원하며!

    그가 술을 마신다.

샌즈 각하는 고결하신 분이오.
    나의 감사를 담을 만큼 큰 잔을 주십시오,
    건배로 장황한 인사를 대신하렵니다.
울시 추기경 우리 샌즈 경,
    내 그대에게 신세를 지오. 옆자리 분들 즐겁게 해 드려요.
    숙녀분들, 유쾌하시질 않군요! 신사분들,

누구 잘못이죠 이것은?

샌즈 붉은 포도주가 우선 물들여야 합니다

　　　아름다운 뺨들을, 추기경님, 그런 다음 말문이

　　　열리는 거죠 말 안 해도.

앤 유쾌한 분 같아요,

　　샌즈 경께서는.

샌즈 잘 놀지요, 사랑이든 놀음이든.

　　　이 잔은 당신께. 건배하시고, 부인,

　　　무엇에 건배하는고 하니—

앤 보여 줄 수 없는 무엇이겠지요.

샌즈 〔울시에게〕 숙녀분들 곧 말문이 트일 거라 그러잖았습니까.

　　　　　　북과 나팔 소리. 작은 포 쏘는 소리

울시 추기경 저게 뭐지?

궁내장관 〔하인들에게〕 나가 보거라, 너희 중 몇이.

　　　　　　하인 한 명 퇴장

울시 추기경 전쟁이 난 것도 아니고,

　　　　　대체 왜 쏘아 대는 거지? 아뇨, 숙녀분들, 겁내지 마세요.

　　　　　온갖 전쟁법으로 숙녀분들은 안전이 보장되니까요.

　　　　　　하인 등장

궁내장관 그래—무슨 소리냐?

하인 신분 높은 외국인 일행입니다,

　　　그렇게 보였습니다. 그들이 배를 떠나 상륙했구요,

이리로 오는데 대단한 사절단 같았어요,

외국 군주가 보낸.

울시 추기경 착하신 궁내장관님,

가서 맞아 주시지요─장관께서 프랑스어를 아시니.

귀족에 걸맞게 대해 주시고, 그분들을 모셔 오세요

우리가 있는 곳으로, 이 아름다움의 천국이

온통 그들을 비추게 될 테니. 몇이 시중 들거라.

〔궁내장관, 시중 몇과 함께 퇴장

모두 일어서고, 하인 몇이 탁자를 치운다〕

연회 흥이 깨졌지만, 곧 복구하도록 하지요.

모두 소화가 잘되시길 바라오. 그리고 다시 한 번

여러분께 환영을 쏟아부어 드립니다─모두 잘 오시었소.

〔오보에 소리. 궁내장관의 안내를 받으며 헨리 왕과 다른 사람들

이 가장행렬 양치기 복장으로 등장. 그들이 곧장 울시 추기경 앞

으로 와서 우아하게 예를 표한다〕

고결한 일행이시군요. 무슨 일이십니까?

궁내장관 영어를 모르시므로, 이렇게

각하께 전해 달라셨소, 즉, 소문으로 듣기에,

이토록 고결하고 이토록 아름다운 모임이

오늘 밤 이곳에서 벌어진다 하여, 그들은 어쩔 수 없이,

미인에 대해 커다란 존경심을 품고 있는지라,

양떼들을 떠나올 밖에 없었으니, 허락해 주신다면,

이 숙녀분들을 뵙고 싶고, 또 간청컨대

이분들과 1시간 정도 주연을 함께하고 싶으시답니다.

울시 추기경 전하시오, 궁내장관,

그분들이 내 초라한 집에 은총을 베푸셨으니, 그 보답으로
천 번 감사드리고, 부디 잘 놀다 가시라고요.

가면 쓴 사람들이 숙녀들을 고른다. 왕은 앤 불린을 선택한다.

헨리 왕 〔앤에게〕 내가 만져 본 가장 아름다운 손이요. 오 미인,
이제껏 난 그대를 전혀 몰랐소.

음악. 그들이 춤을 춘다.

울시 추기경 〔궁내장관에게〕 장관님.
궁내장관 각하.
울시 추기경 저분들한테 이렇게 내 말 전해 주시오.
그분들 중 한 분은 필시 지체가
이 상석에 나 자신보다 더 어울리는 분일 터인데, 그분께,
일러만 주신다면, 내 사랑과 의무로써
자리를 내드리겠노라고.
궁내장관 그러죠, 각하.

그가 가면 쓴 사람들과 귓속말을 나눈다.

울시 추기경 뭐랍디까?
궁내장관 모두 실토하기를 그런 분이
정말 계시기는 한데, 그분을 각하께서
찾아내시면, 자리에 앉겠다 하십니다.
울시 추기경 〔일어나며〕 그렇다면 제가 보겠습니다.
모두 괜찮으시다면, 이분을
저의 폐하로 선택하겠습니다.

　　　　그가 왕 앞에서 절을 한다.

헨리 왕　〔가면을 벗으며〕 바로 맞추셨소, 추기경.

　　　　화려한 연회구려. 잘하시는 거요, 경.

　　　　그대는 성직자니까, 아니면 내 말하거니와, 추기경,

　　　　내가 언짢게 생각했을 거요.

울시 추기경　저는 기쁘옵니다

　　　　폐하께서 이리도 유쾌해지신 걸 보니.

헨리 왕　우리 궁내장관,

　　　　나 좀 보십시다.

　　　　〔앤을 가리키며〕 누구요 저 아름다운 여인은?

궁내장관　황공하오나, 토머스 불린 경의 딸—

　　　　로치포드 자작 말입니다—왕비마마 시녀 중 한 명이고요.

헨리 왕　정녕, 우아한 미인이로다. 〔앤에게〕 이보오,

　　　　내가 실례를 했군, 춤을 청하고서도

　　　　입을 맞추지 않았으니. 〔그녀에게 입을 맞춘다〕 건배, 신사들.

　　　　〔그가 잔을 비운다〕

　　　　잔을 돌리시오.

울시 추기경　토머스 러벨 경, 연회가 준비되었소

　　　　별실에?

러벨　예, 추기경님.

울시 추기경　〔왕에게〕 폐하께서

　　　　춤추시느라 약간 더우신 게 아니신지.

헨리 왕　너무 더운 게 아닐까.

울시 추기경　공기가 좀 더 시원하니, 폐하,

옆방으로 가시죠.

헨리 왕 숙녀분들을 모시시오, 빠짐없이. 〔앤에게〕 상냥한 파트너,
아직은 내가 놔드리면 안 되겠지. 〔울시에게〕 즐겁게 놉시다,
착하신 우리 추기경. 건강을 기원하는 건배 여섯 잔을 내
이 아름다운 숙녀분들께 드리고, 그런 다음 장중한 춤으로
그들을 다시 한 번 이끌겠소, 그러고 나서 생각해 봅시다
누가 숙녀분들한테 제일 인기가 있는지. 풍악을 울려라.

나팔 소리와 함께 모두 퇴장

제2막

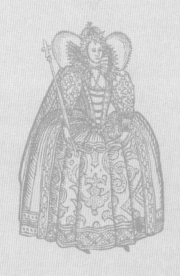

이 세상 어느 사내가 말하기를
제 아내가 더 낫다 하거든, 그의 말 하나도 믿지 마라,
그 말 한마디 분명 거짓이니.

2막 1장
웨스트민스터의 한 거리

두 신사 각각 다른 문으로 등장

첫 번째 신사 어딜 그리 바삐 가시는가?

두 번째 신사 오, 자네군.
　　　어디긴 웨스트민스터 홀로 방청 가는 거지 재판이잖나,
　　　위대한 버킹검 공작의.

첫 번째 신사 내가 덜어 주지
　　　자네 수고를. 모든 게 끝났고 절차만 남았네,
　　　죄수를 다시 압송해 가는.

두 번째 신사 거기 있었나?

첫 번째 신사 그래, 있었어.

두 번째 신사 어떻게 됐는데?

첫 번째 신사 뻔한 거 아닌가.

두 번째 신사 유죄?

첫 번째 신사 그럼, 진짜 유죄고, 형이 선고됐어.

두 번째 신사 안되셨군.

첫 번째 신사 그리 생각하는 사람 많지.

두 번째 신사 하지만 말해 줘, 재판 과정은 어땠어?

첫 번째 신사 간략하게 얘기해 주지. 그 위대한 공작께서

　　　　피고석으로 나오셨지, 그리고 혐의에 대해

　　　　계속 무죄를 주장하셨고, 제시했어

　　　　숱한 예리한 반론을, 왕의 소송을 기각시키려는 거였지.

　　　　왕의 검사는, 그와 정반대로,

　　　　들이댔어 증언, 진술, 자백을,

　　　　여러 증인 것이라면서, 그래서 공작은 요구했지

　　　　그들과의 대질 신문을—

　　　　그러자 반대 증인으로 나온 것이 그분의 재산 감독관,

　　　　서기 길버트 퍼크 경과, 존 카,

　　　　그분의 고해 신부, 거기다 그 악마 수사,

　　　　홉킨즈, 이 악행을 조장한 장본인이지.

두 번째 신사 그자였군,

　　　　공작의 귀에 자신의 예언을 주입한 게.

첫 번째 신사 바로 그자야.

　　　　이들이 모두 공작을 고발했지 강하게, 공작은 그걸 마땅히

　　　　자신한테서 떨쳐 내고 싶었지만, 실제로 그럴 수가 없었네.

　　　　그리하여 귀족들이, 이 증언에 기대어,

　　　　대역죄 유죄 선고를 내린 거지. 많은 말을

　　　　그분은 했고, 숱한 지식을 동원했어, 살려고. 하지만 기껏

　　　　동정을 부르거나 소용없거나 둘 중 하나였지.

두 번째 신사 이 모든 게 끝난 뒤, 그분의 태도는 어땠나?

첫 번째 신사 다시 피고석으로 불려 나와 들은 것이,

　　　　자신의 조종 소리, 사형 선고였을 때, 그분은 요동쳤어

　　　　너무나 격렬한 고뇌에 식은땀을 심하게 흘리고

뭐라 분노의 말을 쏟아 냈어, 안 좋게 또 허둥지둥,

하지만 다시 평정을 찾으셨지, 그리고 거뜬히

나머지 시간 동안 보여 주셨다네 참으로 고결한 인내를.

두 번째 신사 그분이 죽음을 두려워했을 것 같지는 않아.

첫 번째 신사 물론 두려워하지 않으셨어.

그분은 연약한 모습을 보인 적이 결코 없잖나. 소송이

다소 유감스러우셨을 테지.

두 번째 신사 분명

추기경이 꾸민 짓이야.

첫 번째 신사 그럴 법하고말고,

모든 걸 종합하여 추측해 보면, 우선, 킬데어의 사권 박탈,

아일랜드 총독이던 그에게 반역죄를 뒤집어씌우고, 그 후임
으로

서리 백작을 보낸 거 아닌가—게다가 화급하게,

그가 자신의 장인 버킹검 공작을 돕지 못하게끔 말이지.

두 번째 신사 그 정치 책략은

뿌리 깊은 양심의 소산이었어.

첫 번째 신사 돌아오게 되면

그가 분명 되갚아줄걸. 잘 알려진,

모두 알고 있는 사실이잖나, 왕의 총애를 받는 자는 누구든

추기경이 즉시 직책을 준다는 거—

임지는 왕궁에서 충분히 멀리 떨어진 곳이고 말이지.

두 번째 신사 모든 평민들이

그를 지독하게 미워하고, 내 양심을 걸고 말하건대,

바라네, 그의 열 길 깊이 죽음을. 이 공작분은 정반대로

그들이 사랑하고 홀딱 빠져, 부르지 '인정 많으신 버킹검,
온갖 예의의 전범'이라고 말야—

　　　재판을 마치고 돌아가는 버킹검 공작이, 날이 그를 향하게 도끼를
　　　든 형리를 앞세우고, 도끼창병들의 좌우 경계 호위를 받으며, 토
　　　머스 러벨 경, 니콜라스 복스 경, 윌리엄 샌즈 경, 그리고 평민들
　　　을 동행으로 등장

첫 번째 신사　거기 서게, 자네,

　　　그리고 보시게, 자네가 말한 파멸당한 고귀하신 분을.
두 번째 신사　옆으로 비켜서서 지켜보자구.

　　　　　　그들이 옆으로 비켜선다.

버킹검　〔평민들에게〕모든 선량한 사람들,

　　　이렇게 멀리 와서 나를 불쌍히 여겨 주는 여러분,

　　　내 말 듣고, 그런 다음 집으로 돌아가 날 잊으시오.

　　　오늘 나는 반역자 선고를 받았고,

　　　그 죄명으로 죽어야 합니다. 하지만, 하늘이 증언하시고,

　　　제게 있을 양심이 날 파멸시키게 하소서,

　　　도끼가 내 목을 치는 바로 그 순간, 내가 충직하지 않다면.

　　　내 죽음 때문에 내가 법에 앙심을 품은 것은 아니오.

　　　행한 것이오. 증거에 입각하여, 오로지 정의를.

　　　하지만 그것을 꾀한 자 좀 더 기독교인다웠더라면 하는 바
　　　람은 있소.

　　　그들이 무엇이든, 난 진심으로 용서합니다 그들을.

　　　하지만 악행을 자랑으로 여기지 말고,

위대한 인물 무덤 위에 악을 세우지도 말라 하시오,
그때는 죄 없는 내 피가 그들을 규탄해야 할 테니까.
이승에서 더 살기를 난 결코 바라지 않소,
탄원할 생각도 없소, 국왕께서 지니신 자비는
내 어떤 잘못도 사할 만큼 크시지만. 몇몇, 날 사랑했고,
과감히 버킹검을 위해 울어 주신 여러분,
그의 고귀한 친구이자 동료들, 이들을 떠나는 것이
그에게 유일한 쓰라림이고, 유일한 죽음인 몇몇 여러분,
나와 함께 가 주오 착한 천사처럼 처형장까지,
그리고, 강철이 몸과 영혼을 영원히 이혼시키는 순간
그대들의 기도로 향긋한 제물을 바쳐 주시고,
내 영혼을 하늘로 들어 올려 주시오. 〔위병들에게〕 인도하라,
하나님의 이름으로.

러벨 간청하옵니다 저하, 자비를,
저하 가슴에 어떤 앙심이 한 번이라도
저를 겨냥하여 숨겨진 적 있다면, 이제 솔직한 용서를 구하
나이다.

버킹검 토머스 러벨 경, 나 그대를 기꺼이 용서하오
내가 용서받고 싶은 만큼이나. 난 모든 걸 용서합니다.
아무리 많은 죄가
내게 범해졌단들 난 다 화해했지요. 어떤 검은 앙심도
내 무덤에 흔적을 남기지 못할 거요. 폐하께 안부 전해 주
고,
폐하께서 버킹검 얘기를 하시거든, 부디 말씀드려 주오
그대가 하늘로 올라가는 그를 보았다고. 내 맹세와 기도는

아직 국왕의 것이오. 그리고, 내 영혼이 몸을 떠날 때까지,
그분께 축복을 내려 달라 외칠 것이오. 그분의 생이
내가 남은 시간 동안 셀 그분 세세년년보다 더 오래기를,
그분의 통치 늘 사랑받고 사랑하기를,
그리고, 노년이 그분을 그분의 최후로 인도할 때
선과 그분이 한 무덤 쓰기를.

러벨　물가까지는 제가 저하를 모셔야 하고,
그런 다음 제 임무를 니콜라스 복스 경에게 넘기면,
그가 저하를 인도할 겁니다, 저하의 최후까지.

복스　〔시종에게〕 가서 채비하렷다―
공작께서 가신다. 배를 대령시키고,
장식을 갖추라
높으신 신분에 걸맞게끔.

버킹검　아니오, 니콜라스 경,
그냥 두시오. 지금 내 신분은 단지 날 비웃을 뿐일 것.
이리로 왔을 때 나는 보안 무관장이자
버킹검 공작이었으나, 지금은 초라한 에드워드 보헌.
하지만 난 더 부유하오, 비열한 내 고발자들보다.
그들은 결코 모르지 진실의 뜻을. 이제 내가 그걸 봉인하고,
그 피로 어느 날 그들이 진실 때문에 신음하게 만들 것이오.
내 고결한 아버지, 버킹검의 헨리는,
맨 처음 군대를 일으켜 찬탈자 리처드와 맞섰는데,
도움을 청하러 부하 배니스터라는 자한테 피신했다가,
지친 터에, 그 비열한 놈한테 밀고당했고,
재판도 없이 처단되셨지. 하나님의 평화가 함께하시기를.

뒤를 이은 헨리 7세는, 진정 불쌍히 여기셨지
내 아버지의 손실을, 참으로 고결하신 군주답게,
복원시켜 주셨소 내 칭호를, 폐허로부터
내 이름을 다시 한 번 고결하게 해 주셨고. 이제 그 아들,
헨리 8세가, 생명, 명예, 이름, 그리고
나를 행복하게 했던 모든 것을, 일격에 앗아가는구려
영원히 세상으로부터. 난 재판을 받았고,
고결한 재판이었다고 하지 않을 수 없소. 그러니 난
조금 더 행복한 셈이지 불쌍한 내 아버지보다.
하지만 이 점에서는 우리 운명이 하나요. 둘 다
부하, 자신이 가장 사랑했던 자들로 인해 죽는다는 것—
너무나 자연에 어긋나고 신의 없는 자들로 인해.
만사 하늘의 뜻이라 합니다. 하지만, 내 말을 듣는 여러분,
죽어 가는 사람이 하는 이 말 분명히 새기시오—
사랑과 조언을 관대하게 베풀망정,
느슨해지면 안 됩니다. 왜냐면 여러분이 친구 삼고
마음을 준 사람들이라도, 일단 낌새를 채면
그것이 여러분 운명에 아주 사소한 장애물이라도
빠져나가는 거예요 물처럼, 다시는 나타나지 않지요,
아예 파멸시키러 온다면 모를까. 착한 사람들 모두
날 위해 기도해 주시오. 이제 여러분을 떠나야 하오. 마지막 시간,
내 길고 지리한 생의 그것이 내게 다가왔소.
안녕, 그리고 어떤 슬픈 얘기가 당길 때는
내가 죽은 얘기를 하시오. 이게 다요, 하나님 절 용서하소

서.

첫 번째 신사 오, 정말 애석한 일이로군 아무래도,

　　　너무 많은 저주가 내리지 싶어, 이 일의

　　　저자들 머리에.

두 번째 신사 공작이 죄가 없다면,

　　　비통하기 짝이 없는 일이지. 근데 여기서 끝이 아니고

　　　이어지는 흉사가 있을 거라는 소문이야, 정말 닥치면,

　　　이보다 더 어마어마할 흉사가.

첫 번째 신사 착한 천사들이여 그 일을 막아 주오.

　　　무슨 일인데? 날 못 믿는 건 아니겠지, 자네?

두 번째 신사 이건 너무 중대한 비밀이야, 아주

　　　용의주도해야 지킬 수가 있지.

첫 번째 신사 내게 말해 봐ㅡ

　　　난 입이 무거운 사람이야.

두 번째 신사 내 믿지,

　　　자네니까. 근래 못 들어 보았나

　　　이혼의 추문,

　　　국왕과 캐서린 사이 그것을?

첫 번째 신사 들었지, 하지만 아니었어.

　　　국왕께서 그 얘기를 들으시고는, 화를 벌컥 내시며

　　　런던 시장에게 영을 내려 당장

　　　소문을 끄고 진압하라 하셨잖는가 혀,

감히 그 소문을 퍼트려 대는 그것들을.

두 번째 신사 하지만 그 중상이, 이봐,

이제는 사실로 드러났어, 다시 돌거든,

이전보다 더 원기왕성하게, 그리고 확실하다고 여겨지지,

왕이 그 일을 감행할 것이. 추기경 아니면

그 측근들이, 앙심을 품고,

그 착한 왕비한테 말이지, 기어이 왕을 물들였어 꺼림칙한 생각,

그녀를 파멸시킬 그것으로. 이것을 확증키 위해, 또한,

교황 대사 캄페이우스 추기경이 도착했지, 최근이고,

모두가 생각하듯, 이 일 때문이야.

첫 번째 신사 추기경 짓이군.

단지 황제한테 복수하기 위해서고,

그가 원했던 자리를 주지 않았으니까,

톨레도 대주교 자리가 화근이었어.

두 번째 신사 제대로 짚은 것 같군. 하지만 가혹한 일 아닌가

왕비께서 이 일로 등이 터지셔야 하다니? 추기경은

제 뜻대로 밀어붙일 것이고, 왕비는 추락할 게 분명해.

첫 번째 신사 비통하군.

여긴 너무 노출돼서 이런 얘기에 안 맞겠어.

은밀한 데서 생각 좀 더해 보세.

모두 퇴장

2막 2장
런던 궁정

편지를 들고 궁내장관 등장

궁내장관 〔읽는다〕'나리, 나리께서 보내 달라 하셨던 말들은, 가능한 세심히 살펴보았는바, 잘 고르고, 잘 길들여지고, 훌륭한 마구를 갖춘 상태였습니다. 기운 차고, 잘 생기고, 북쪽 지방의 최우량종이었죠. 런던으로 떠날 채비를 마쳤는데, 추기경 나리가 보낸 사람이, 영장과 으름장으로, 말을 빼앗아 가며 이런 이유를 대더군요—그의 주인은 신민 누구보다 더 우선이다, 국왕보다 우선은 아니지만, 그래서 우린 할 말을 잃었지요, 나리.'

정말 그가 그럴 기세지. 뭐, 가져가라 할 밖에.

그는 다 가지려 들 거다, 내 생각은 그래.

궁내장관한테로 노포크 및 서포크 공작 등장

노포크 잘 만났소, 우리 궁내장관.
궁내장관 두 분 저하 모두 좋은 날 되십시오.
서포크 왕께서는 뭐하시오?
궁내장관 혼자 계신 걸 뵙고 오는 중인데,

수심과 번민이 가득하세요.

노포크 어떤 연유로?

궁내장관 형수와 결혼하신 것이

　　　　너무도 양심에 가책이 되시는 듯합니다.

서포크 아니오. 그분 양심은

　　　　다른 여자한테 너무도 가까이 접근해 있는 거지.

노포크 그건 그렇소.

　　　　추기경 짓이지, 국왕 행세 추기경,

　　　　그 눈먼 사제가, 운명 여신의 장남이라도 되는 양,

　　　　수레바퀴를 제멋대로 굴리는 게야. 왕께서 언젠가 그의 정
　　　　체를 알게 되실 거요.

서포크 그러셔야지. 아니면 그분이 자기 자신을 결코 알 수 없을
　　　　테니.

노포크 성직자라는 자가 꾸미는 짓마다 그 꼬라지하고는,

　　　　그 악착은 또 어떻고? 이번에도 그자가 깼지오 동맹,

　　　　우리와 황제, 즉 왕비 조카 사이 그것을,

　　　　그가 국왕의 영혼 속으로 잠수하여 거기다 뿌리는 거요

　　　　위험을, 의심을, 양심의 고뇌를,

　　　　두려움을, 그리고 절망을―이 모든 게 결혼 때문이라며.

　　　　그리고 이 모든 것에서 벗어나, 예전의 왕으로 돌아가려면,

　　　　이혼해야 한다고 꼬드기는 거죠―버리라는 거요 그녀,

　　　　보석처럼 20년 동안

　　　　그분의 목걸이로 빛을 잃은 적이 한 번도 없는 왕비,

　　　　그분을 사랑하는 그 뛰어난 미덕이

　　　　천사가 착한 이들 사랑하는 것과 같은 그녀, 바로 그녀,

　　　　운명의 가장 가혹한 시련이 닥치더라도

그분에게 축복을 내릴 그녀를—참으로 경건한 조처지요?

궁내장관 하늘이여 그 꼬드김을 막아 주소서! 정말 맞소—

이 소문은 파다하게 퍼졌고, 누구나 그 얘기를 하고,

마음이 진실한 누구나 그것에 가슴 아파하죠. 누구나

파고들자면 알 수 있어요 그 최종 목표를—

프랑스 왕의 누이죠. 하늘이 언젠가는 열어 주실 겁니다

폐하의 눈을, 이토록 오랫동안 자고 있었지만, 제대로

보여 주는 거죠 이 뻔뻔스런 악인을.

서포크 우리를 그자의 노예 신세에서 해방시켜 주시고.

노포크 기도를 해야지,

그것도 진심으로, 우리를 구원해 달라고 말이오.

아니면 이 고압적인 자가 우리 모두를 길들여 버릴 게야

군주에서 시종으로. 사람들의 온갖 명예가

진흙 한 덩이로 되는 거지 그 앞에, 그자가 주물러

제 멋대로 조상을 빚어 내는.

서포크 나로 말하자면, 두 분,

난 그를 좋아하지 않소, 두렵지도 않고—내 신조지.

난 그가 빚은 조상이 아니니, 그 없이 버텨 설 것이오,

왕이 버텨 주신다면. 그자가 저주를 하든 축복을 내리든

내겐 마찬가지죠, 그자 숨결은 하나님 숨결이 아니니까.

난 그를 알았고, 압니다, 그러니 그와 상관할 사람은

그를 오만하게 만들어 준 사람—교황이죠.

노포크 들어가십시다,

가서 뭔가 다른 일을 아뢰어 국왕의

기분을 전환시켜 드립시다. 워낙 수심이 깊으시다니.

〔궁내장관에게〕 장관, 같이 가 주시겠소?

궁내장관 죄송합니다,

국왕께서 다른 델 좀 다녀오라 하셔서요. 게다가,

지금은 때가 아주 안 좋아요 무척 번거로워 하실 겁니다.

두 분께 건강을.

노포크 고맙소, 착하신 우리 궁내장관.

궁내장관 퇴장
커튼이 열리면 헨리 왕, 수심에 잠긴 채 앉아 책을 읽고 있다.

서포크 표정이 정말 심각하시군! 많이 괴로우신 모양이오.

헨리 왕 거기 누구냐? 하?

노포크 부디 노여움을 푸소서.

헨리 왕 누구냐고 묻지 않는가? 감히 불쑥 몸을 디밀다니,

나만의 명상 속으로!

내가 누군 줄 아는가? 하?

노포크 온갖 잘못을 용서해 주시는 자애로우신 왕,

악의는 전혀 없었습니다. 이렇게 무례를 범한 것은

국가 대사 때문으로, 저희는

폐하의 뜻을 알고자 온 것입니다.

헨리 왕 너무 무엄하지 않소.

물러가오. 나중에 다시 불러 무슨 일인지 묻겠소.

지금이 세속사를 논할 때요? 하?

〔울시 추기경과, 위임장을 든 캄페이우스 추기경 등장〕

거기 누군가? 훌륭하신 우리 추기경? 오, 나의 울시,

내 상처받은 양심의 진통제,

그대는 왕한테 어울리는 치료제로다.

〔캄페이우스에게〕 잘 오시었소.

너무나 학문 높은 성직자 귀하, 짐의 왕국에.

짐과, 왕국 모두 환대할 것이오. 〔울시에게〕 추기경, 각별히 신경 써 주시기 바라오

내가 빈말한 게 되면 안 되니.

울시 추기경 폐하, 그럴 리가요.

폐하께서는 부디 우리에게 한 시간만

독대를 허락해 주소서.

헨리 왕 〔노포크와 서포크에게〕 짐이 바쁘니 물러들 가오.

노포크와 서포크가 물러나면서 서로에게 방백

노포크 이 사제가 오만하지 않다니!

서포크 그러거나 말거나.

저런 병에 걸리느니, 정녕, 그의 고위직도 사양이오—

하지만 계속 이럴 수는 없지.

노포크 정말 계속된다면,

내가 한 합 겨뤄 볼 밖에.

서포크 나도 한 합.

노포크와 서포크 퇴장

울시 추기경 〔왕에게〕 폐하께서는 지혜의 전범을 보이신 겁니다

모든 군주들에게, 기꺼이 맡기셨으니

폐하의 양심 가책을 기독교 세계의 찬반 투표에 맡입니다.

이제 누가 성을 내겠습니까? 누가 뭐라겠어요 폐하한테?

스페인인들은, 왕비와 혈통 및 총애의 끈이 닿아 있다 하나,

이제 실토해야겠죠. 선한 구석이 조금이라도 있다면,

공정하고 고결한 재판이라는 것을. 모든 성직자들—

기독교 왕국 내 학문 높은 분들 말입니다—그들이

자유로이 표를 던집니다. 로마, 판결의 보모가,

고결한 폐하께서 몸소 초청하자, 보낸 겁니다

전체를 대표하는 한 표를 우리에게. 그게 훌륭하신 이분,

공정하고 학문 높은 이 사제, 캄페이우스 추기경이죠,

그러니 다시 한 번 이분을 폐하께 소개드립니다.

헨리 왕 〔캄페이우스를 껴안으며〕 그러면 다시 한 번 내 두 팔로 내가 환영을 표하고,

감사를 표하겠소 거룩한 추기경단의 배려에.

추기경단은 내가 바랐을 바로 그런 분을 보내 주셨으니.

캄페이우스 추기경 폐하께서는 마땅히 모든 외국인들의 사랑을 받으셔야지요.

워낙 고결하신 분이니. 폐하의 손에

위임장을 바치나이다.

〔그가 위임장을 왕에게 준다〕

〔울시에게〕 이것의 효력에 의거,

로마 교황청의 명으로, 그대, 우리

요크 추기경은 나와 함께 봉사하게 되오,

이 일의 불편부당한 판결에.

헨리 왕 공정하신 두 분이군요. 왕비한테 알리겠소

당장 그대가 온 이유를. 가디너 어딨느냐?

울시 추기경 폐하께서는 늘 왕비님을

마음에 소중히 여기셨사오니 그분한테 거절 마소서

더 지체 낮은 여인도 법으로 청할 수 있는 것을―

허하소서 학자들의 자유로운 왕비 변호를.

헨리 왕 그럼요, 가장 뛰어난 변호인을 대 주고, 총애할 것이오

가장 잘 변호하는 자를, 그래야 마땅하지. 추기경,

가디너를 불러 주시오, 내 새 비서.

〔울시 추기경이 문으로 가서 가디너를 부른다〕

그가 적임이야.

가디너 등장

울시 추기경 〔가디너에게 방백〕손 좀 잡아 보세. 크나큰 기쁨과 은총

있기 바라네.

자넨 이제 국왕의 비서야.

가디너 〔울시에게 방백〕하지만 따르겠습니다

늘 저하의 명을, 저하의 손이 절 키우셨으니까요.

헨리 왕 이리 오거라, 가디너.

왕이 가디너와 함께 걸으며, 그에게 귓속말한다.

캄페이우스 추기경 〔울시에게〕요크 경, 닥터 페이스라는 분이

이분 앞서 이분 자리에 있지 않았습니까?

울시 추기경 예, 그랬죠.

캄페이우스 추기경 학문이 높다는 평판이 있었지요?

울시 추기경 예, 그럼요.

캄페이우스 추기경 정말, 그렇다면 나쁜 평판 있는 것 맞겠구려,

바로 귀하, 추기경에 대해서는.

울시 추기경 무슨? 나에 대해서요?

캠페이어스 추기경 사람들 마구 하는 말이 그대가 그를 샘냈고,

　　　　그가 승진할까 봐, 그가 너무 덕망 높은 것이 겁나서,

　　　　그를 늘 외국에 있게 했고, 그래서 그가 너무 상심한 나머지

　　　　미쳐서 죽었다는 겁니다.

울시 추기경 하늘의 평화가 그와 함께하기를—

　　　　그 정도 기도교식 애도면 충분하지. 산 입을 나불댔다면

　　　　따끔하게 혼을 냈을 거요. 그는 바보였소,

　　　　덕망 높은 체라도 해야 했던 거지,

　　　　〔가디너를 가리키며〕 저 착한 친구는,

　　　　내가 명을 내리면, 시키는 대로 합니다.

　　　　그 정도라야 왕 곁에 그리 가까이 두죠. 배워 두세요, 형제.

　　　　곁을 주려면 그 정도는 되어야죠.

헨리 왕 〔가디너에게〕 부드러운 말씨로 그리 알려라 왕비께.

　　　　　　〔가디너 퇴장〕

　　　　내가 생각하기로 가장 편리한 숙소 건물은

　　　　블랙프라이어스요, 이 정도 학자들이라면,

　　　　거기서 의논토록 하오, 이 중대한 일을.

　　　　우리 울시, 그대가 세간을 좀 살펴보고. 오, 주여,

　　　　어찌 슬프지 않겠습니까, 건장한 사내가 버리려는 것이

　　　　너무나 달콤한 잠자리 아내라면? 하지만 양심, 양심—

　　　　오, 그건 부드러운 거기, 그러니 제가 그녀를 버릴 밖에 없

　　　　나이다.

　　　　　　모두 퇴장

2막 3장

중궁전

앤 불린과 노부인 등장

앤 그것 때문도 아니고요. 바로 이래서 뼈아픈 거죠—
   폐하께서 그토록 오래 함께 사셨고, 왕비님은
   너무나 훌륭한 숙녀시라 어떤 입도 결코
   헐뜯을 수 없었죠, 왕비님 명예를—단언컨대,
   그녀는 해코지라는 게 뭔지도 몰라요—오 그런데, 그
   숱한 세월 동안 왕비 자리에 앉아
   갈수록 위엄과 광휘를 더하다가 그것을
   뒤로 한다면 천 배나 더 쓰라린 거죠.
   처음 누렸을 때 달콤했던 것보다—그것도 모자라,
   버림까지 받은 거예요, 너무도 불쌍해서
   괴물이 다 안쓰러워 할 정도죠.
노부인 아무리 딱딱한 심장도
   녹아 그녀를 비통해 하고 있지.
앤 오, 하나님도 무심하시지! 훨씬 더 좋았을 거야
   그녀가 광휘를 아예 몰랐더라면, 비록 세속에 속하지만,
   그 불화꾼, 운명 여신이 정말 이혼시켜
   광휘와 광휘로운 자를 가른다면, 그 고통은 격렬하기

영혼과 육신의 분리 못지않은 법.

노부인 아, 가여우신 마마!

다시 외국인이 되셨네.

앤 그래서 더욱

동정의 눈물이 떨어지죠. 진실로,

맹세코, 더 나아요 천하게 태어나서

겸손한 마음으로 만족하고 살아가는 게,

더 낫지 번쩍이는 비탄을 차려입고

슬픔의 금관을 쓰는 것보다는.

노부인 만족이

최고의 재산이기는 하지.

앤 신앙과 처녀성을 걸고,

난 왕비는 되고 싶지 않네요.

노부인 악마한테 영혼을 팔더라도, 난 되고 싶더만―

그리고 처녀성도 걸겠더만, 왕비 자리에, 자네도 그럴걸,

말로는 제법 위선을 떨지만.

자네는, 그토록 여자다운 아름다움을 지녔으니,

지녔겠지, 또한, 여인의 마음, 어디까지나

고귀, 부유, 최고의 권력을 갈구하는 마음을,

그것은, 사실, 축복이지, 그리고 그 선물을,

자네가 고상을 떤다만, 수용하게 될걸

양심이란 부드럽고 나긋나긋한 새끼염소 가죽이니,

자네가 그걸 약간만 늘여 주면.

앤 안 돼요, 정말.

노부인 돼요, 정말 또 정말. 왕비가 되기 싫다고?

앤 싫어, 하늘 아래 온갖 재화를 다 준대도.

노부인 이상하군. 휜 3펜스짜리 동전 하나만 줘도 난 고용되어,
   비록 늙었지만, 왕비 노릇 해 주겠구먼. 그러면 자네,
   공작부인은 어때? 사지 멀쩡하신가
   그 칭호의 짐을 질만큼.

앤 싫어요, 정말.

노부인 그렇담 몸이 허약하시군. 더 밑으로,
   자네가 계속 이런 식이면
   백작은 자네한테 홍조밖에 못 얻겠군. 하지만 자네 등이
   백작 짐도 못 진다면, 너무 약해
   애도 못 낳겠다.

앤 말하는 것하고는!
   다시 맹세컨대, 난 왕비 싫어요
   세상을 다 준대도.

노부인 정말, 조그만 잉글랜드만 준대도
   자넨 받아들일 게야 왕비 서임 홀과 황금 거시기를, 나는
   케나폰셔만 줘도 하겠구만, 비록 왕에게 속하는 게
   땅밖에 없는 웨일즈 깡촌이지만. 어라, 저기 누가 오는데?

   궁내장관 등장

궁내장관 안녕하십니까, 숙녀분들. 얼마면 알려 주시렵니까
   무슨 비밀 얘기를 나누고 계셨는지?

앤 착하신 장관님,
   돈은요, 청하실 만한 거리도 못 됩니다.
   왕비님의 슬픔을 딱하게 여기는 중이었으니까.

궁내장관   양가집 규수답군요, 착한 여인한테

      어울리는 행동이고요. 희망이 있습니다,

      다 잘될 거라는.

앤   제발 그리되게 하소서, 아멘.

궁내장관   부인은 고운 마음씨를 지니셨고, 하늘의 축복이

      이런 분께 따르는 법이죠. 제 말이, 아름다운 부인,

      그냥 빈말이 아니라는 걸, 그리고 부인의 숱한 미덕이

      크게 주목받는다는 걸 아십시오, 왜냐면 폐하께서

      부인께 국왕의 안부 인사를 전하십니다. 그리고

      부인께 명예를 드리고자 하십니다, 자그마치

      펨브루크 여후작 칭호지요. 그 칭호에 덧붙여

      매년 1천 파운드의 연금을

      왕실 금고에서 지원하라 하셨고요.

앤   모르겠네요

      어떤 식으로 순종의 뜻을 바쳐야 할지.

      제가 가진 전부라 해봤자 없는 것만도 못하죠, 제 기도의 말
도

      절차 밟아 거룩해진 게 아니고, 제 축원 또한

      텅 빈 허영에 불과하죠, 하지만 기도와 축원이

      전부군요, 제가 보답할 수 있는. 장관께 간청이니,

      부디 전해 주세요 저의 감사와 복종을,

      낯붉힌 하녀가 폐하께 전하듯,

      그분의 건강과 위엄을 위해 기도하겠다는 것도요.

궁내장관   부인,

      제가 보증을 안 해 드릴 수 없네요, 왕께서

부인을 좋게 보신 게 맞다고요. 〔방백〕 내가 잘 살펴보았어.
아름다움과 절개가 저리 뭉쳐 있으니
왕께서 매료당하실 밖에. 그리고 모르지
이 부인한테서 나오는 아이가 이 섬나라 전체에
빛을 가져다줄 보석일지도. 〔앤에게〕 국왕께 가서
부인을 뵈었다고 아뢰겠습니다.

앤 예, 장관님.

　　　궁내장관 퇴장

노부인 글쎄, 이렇다니까―봐요, 보라구!
난 궁정에서 16년을 애걸복걸 살았지만,
여전히 애걸복걸 따리꾼 신세고, 한 번도
운때가 안 맞았어, 너무 일렀거나 너무 늦었지,
은전은커녕. 그런데 자넨―오, 이런 행운이!―
이 물에선 신출내기 물고긴데―이런, 빌어먹을,
이런 억지로 상팔자라니―꿀꺽 삼키게 되었다 이거야
입도 안 벌렸는데.

앤 기분이 이상하네요.

노부인 어떤 맛이야? 쓴가? 40펜스 걸고, 아닐걸.
어떤 숙녀가 있었지―옛날 이야기야―
왕비가 되기 싫다는, 왕비 노릇 안 하겠다는,
이집트의 진흙을 다 줘도 싫다는. 그 얘기 들어 보셨나?

앤 왜 그래요, 놀리지 마세요.

노부인 자네 주제라면 내가
종달새보다 더 높이 날았겠네. 펨부르크 여후작?

매년 1천 파운드, 순전히 존경의 염으로?

다른 의무는 없다? 천만에,

수천 파운드가 더 들어올걸. 명예의 수행 행렬은

명예의 앞치마보다 더 긴 법. 이제

알겠네 자네 등이 공작부인 짐도 질 거라는 걸. 말해 보오,

전보다 더 강해진 거 아니우?

앤 착하신 부인,

부인 멋대로 공상하고 재미있어 하는 건 좋은데,

난 빼 줘요. 아예 몸이 없어지겠어,

이 때문에 내 피가 조금이라도 동요한다면. 기절할 것 같아

앞일을 생각하면.

왕비께서 쓸쓸하실 텐데, 우리는 깜빡 잊고

곁을 지켜 드리지 못했네. 부디 전하지 마세요,

여기서 들은 얘기를 그분께.

노부인 나도 그만한 분별은 있다오―

모두 퇴장

2막 4장
블랙프라이어스 집회장

나팔 팡파르. 그런 다음 코넷 소리. 권표 받는 사람 둘이 짧은 은 막대를 들고 그 뒤로 법학박사 차림의 두 서기가, 그 뒤로 캔터베리 대주교가 홀로, 그 뒤로 링컨, 일라이, 로체스터 및 세인트 에이사프 주교들이, 그 뒤로 약간 거리를 두고, 대법관 인장 주머니와 추기경 모자를 든 한 신사가, 그다음 은 십자가를 각각 든 두 사제가, 그다음은 모자를 벗어 든 의정관이, 의전용 은 지팡이를 든 왕실 경위 한 명을 대동하고, 그다음은 거대한 은 표주를 하나씩 든 신사 둘이, 그다음은, 나란히, 울시 및 캄페이우스 추기경이, 그다음은 칼과 의전용 지팡이를 든 두 귀족이 등장. 왕이 등장하여 닫집 아래 상석에 오른다. 두 추기경이 재판관으로서 옥좌 아래 앉는다. 왕비가 그녀 의정관 그리피스의 시중을 받으며 왕과 어느 정도 떨어진 거리에 자리 잡는다. 주교들이 교회 법정 방식으로 양쪽에 자리를 잡고, 그 사이 서기들이 앉는다. 나머지 시중들이 무대 주변에 적당히 선다.

울시 추기경 로마에서 보내 온 위임장을 읽는 동안
　　조용히 해 주시기 바랍니다.

헨리 왕 그럴 필요가 있소?
　　이미 공개 낭독 된 바 있고,
　　양쪽 다 그 권위를 인정하였소.
　　그 절차는 생략해도 좋을 것이오.

울시 추기경 그리하지요. 진행하라.

서기 〔정리에게〕 외쳐라, '헨리, 잉글랜드 왕, 법정 출두하시오.'

정리 헨리, 잉글랜드 왕, 법정 출두하시오.

헨리 왕 여기 있소.

서기 〔정리에게〕 말하라, '캐서린, 잉글랜드 왕비, 법정 출두하시오.'

정리 캐서린, 잉글랜드 왕비, 법정 출두하시오.

> 왕비가 대답하지 않고, 의자에서 몸을 일으켜, 법정을 돌아 왕에게로 가서, 그의 발 아래 무릎을 꿇는다. 그런 다음 말한다.

캐서린 왕비 전하, 원하옵건대 제게 법과 정의를 행하시고
　　　제게 자비를 베풀어 주소서, 왜냐면
　　　저는 참으로 불쌍한 여인이고, 외국인으로,
　　　폐하의 영토 바깥에서 태어났기에, 이곳에는
　　　불편부당한 재판관 한 명 없고, 보증도 없습니다,
　　　공정한 호의와 법 절차가 있으리라는. 아, 전하,
　　　제가 전하께 무슨 잘못을 했습니까? 어떤 빌미를
　　　제 행동이 주었기에 폐하께서 진노하시어
　　　이렇게 절차를 밟아 저를 버리고,
　　　전하의 호의를 제게서 거두시려는 겁니까? 하늘이 아시듯
　　　저는 전하께 진실되고 겸손한 아내였습니다,
　　　언제나 폐하 뜻을 편히 모셨죠,
　　　행여 폐하의 미움을 살까 저어하면서,
　　　그래요, 폐하 안색의 종이었지요, 기쁘신지 언짢으신지
　　　늘 살피면서. 언제 있었습니까

제가 전하의 바람을 거스른 적, 혹은
그것을 또한 제 것으로 하지 않은 적이? 혹은 전하 친구 중
제가 사랑하려 애쓰지 않은 적이 있습니까, 비록
그가 나의 적이라는 걸 알면서도? 내 친구 중 누구를,
그가 전하의 노여움을 샀음에도 불구하고 제가
계속 좋아했습니까? 아니, 통고하지 않았습니까,
그 당장 내 친구가 아님을? 전하, 상기하소서
저는 전하의 아내로 이렇게 복종하였습니다,
이십 년 넘게요, 그리고 축복을 받아
전하의 아이를 많이 낳았지요. 만일, 이 기간의
경과와 과정 중 전하께서 지적하실 사항이—
증명도 하셔야겠지요—내 명예에 반하는 것이라면,
내 결혼 계약에, 혹은 폐하의 옥체를 향한
제 사랑과 의무에 반하는 것이라면, 하나님의 이름으로
저를 쫓아내시고, 가장 더러운 치욕이
문을 닫아 저를 못 들이게 하시고, 그렇게 저를 내치소서,
가장 가혹한 법정에다. 황공하오나, 전하,
전하의 부왕께서는 명성이 높으셨습니다,
아주 사려 깊은 군주로, 탁월하고
비길 바 없는 지혜와 판단력의 군주로 말입니다. 저의 부왕
페르디난드, 스페인 왕께서는, 평판이
가장 현명하시다는 거였죠. 오랫동안 그곳을 다스린
역대 왕들 가운데. 의심할 여지가 없지요,
두 분이 현명한 위원회를 소집했어요
온갖 왕국에서, 그리고 이 문제를 토의케 했고,

그들이 우리 결혼을 합법화했어요. 하여 몸 낮추고

간청하오니, 전하, 말미를 주소서 제가

스페인의 제 친구들 말을 들어 볼 때까지, 그들의 자문을

제가 애원해 볼 테니까요. 그게 안 되면, 하나님의 이름으로.

전하 뜻대로 하소서.

울시 추기경 이 자리에 계신 분들은, 마마,

마마께서도 고르신, 존경받는 신부들,

정직과 학문이 독보적인 분들입니다.

그래요, 나라의 엘리트들이

마마를 변호키 위해 모였습니다. 그러니 무의미하죠

마마의 재판 연기 요청은,

마마 자신의 평정은 물론, 폐하의

심기 안정에도.

캄페이우스 추기경 추기경 말씀이

적절하고 타당하오. 그러니, 마마,

왕이 계신 이 재판을 진행하고

지체 없이 논고와 변론을

진행하고 들어 보는 게 좋겠습니다.

캐서린 왕비 〔울시에게〕 추기경,

당신한테 내가 말하리다.

울시 추기경 하시지요, 마마.

캐서린 왕비 경,

난 울음이 나올 참이지만, 생각하면

내가 왕비라, 혹은 오랫동안 그리 꿈을 꿨는지라, 분명

왕의 딸인지라. 내 눈물방울을

불꽃으로 바꿀 참이오.

울시 추기경 고정하소서.

캐서린 왕비 그대가 겸손하면 내 고정하지! 아니, 그 전에,

아니면 하나님이 날 벌줄 테니까. 나는 참으로 믿소,

유력한 정황 증거로 굳게,

그대가 나의 적이라는 것을. 그러니 이의를 제기하오,

그대는 나의 재판관이 될 수 없다고. 왜냐면 바로 당신이

이 석탄불을 피웠소, 주군과 나 사이에,

그건 하나님의 이슬이 꺼 주실 터. 그러니 다시 말하노니,

난 전적으로 혐오하오. 맞아, 내 영혼으로부터,

거절하오 그대를 내 재판관으로. 왜냐면 그대를 다시 한 번

나의 가장 악의적인 적으로 여기고, 생각하지 않으니까

전혀 진실과 친구라고 말이오.

울시 추기경 단언컨대

마마 말씀은 마마답지 않습니다, 마마께서는 늘

자애를 옹호하셨고, 드러내는 내색의

인자한 성품과 지혜는

여성의 능력 이상의 것이었는데요. 마마, 절 곡해하시네요.

저는 마마한테 적의가 전혀 없어요, 불법도 저지른 바 없고

마마한테 혹은 누구한테든요. 이제까지 제가 추진한 바,

혹은 앞으로 제가 추진할 바, 모두 보장된 것입니다,

추기경단의 위임장에 의거,

예, 로마의 추기경단 전체에 의거. 마마께서 비난하셨지요

제가 '석탄불을 피웠'다고. 저는 참으로 부인합니다.

왕께서 임석해 계시죠. 그분이 보시기에
있었던 일을 제가 부인하는 것이라면 혼을 내시겠지요,
제 거짓을, 그게 정당하고요—그래요, 호되기
마마께서 제 진실한테 그랬던 만큼이나. 그분이 아시기로
제가 마마 하신 말씀과 무관하다면, 그분은 아시는 거죠
제가 마마의 곡해와 상관없다는 것을. 그러므로 그분한테
달렸습니다, 저의 구명은, 그리고 그 구명이
제거하겠지요 마마 생각을 마마로부터. 그것에 대해
폐하께서 말씀하시기 전에, 간청컨대
자애로우신 마마, 부디 하신 말씀 고쳐 생각하시고,
더 이상 말씀을 말아 주십시오.

캐서린 왕비 이봐요, 추기경—
난 단순한 여자예요, 너무나 약하죠,
교활한 당신과 맞서기에는. 당신은 말투가 온순 겸손하죠,
당신 지위와 소명을, 정말 그럴듯하게,
온순과 겸양으로 치장하지만—그러나 당신 마음은
오만, 악의와 자랑이 꾸역꾸역 채워져 있지.
당신은 운과 폐하의 은총으로
별 노력 없이 낮은 계단을 올랐소, 그리고 이제 올라선 곳은
권력이 당신 가신이고, 당신의 말이,
당신한테 하인이라, 당신이 당신 뜻 멋대로 발음하면
그대로 실행하는 곳이지. 이 말을 해 드려야겠소,
당신은 당신 개인의 명예를
당신의 드높은 성직보다 더 치오. 그래서 다시 한 번
나는 내 재판관으로서 당신을 거부하오, 그리고, 여기,

그대들이 모두 보는 앞에서, 교황께 탄원하오,

나의 송사 전체를 성하께 가져가,

성하의 판결을 받게 해 주십사고.

그녀가 왕에게 예를 표하고 떠나려 한다.

캄페이우스 추기경 왕비께서는 억지시오,

정의가 통하지 않고, 툭하면 정의를 비난하고,

정의의 심판을 경멸하고 계시오. 안 좋아요.

퇴정하시고 있잖소.

헨리 왕 〔정리에게〕 그녀를 다시 부르라.

정리 캐서린, 잉글랜드의 왕비, 법정 출두하시오.

그리피스 〔왕비에게〕 마마, 다시 소환되셨습니다.

캐서린 왕비 왜 그 말에 신경을 쓰느냐? 계속 가자꾸나.

그대를 부르거든, 돌아가렴. 이제 하나님 도와주소서.

그들을 더 이상 참을 수가 없네요. 부디, 계속 가거라.

난 여기 있지 않겠다, 안 되지, 더 이상

이 일로 나타나지도 않을 것이다,

그들이 어떤 법정을 꾸리든.

왕비와 그녀 시종들 퇴장

헨리 왕 잘 가시오, 케이트.

이 세상 어느 사내가 말하기를

제 아내가 더 낫다 하거든, 그의 말 하나도 믿지 마라,

그 말 한마디 분명 거짓이니. 당신이 유일하오—

당신의 희귀한 품성, 달콤한 친절,

성인다운 온유, 아내다운 자제,
왕비 노릇이 복종인, 게다가 성격이
위엄 있는 동시에 경건한 것까지 감안한다면—
지상의 왕비 중 왕비지. 태생이 고결하고,
자신의 진정한 고귀함에 걸맞게 그녀는
나를 대해 주었소.

울시 추기경   너무나 자애로우신 전하,
참으로 몸을 낮추어 폐하께 간청드리오니
황공하오나 폐하께서 공표하소서 이분들이
모두 듣는 자리에서—왜냐면 강도 만나 묶인 자리에서
제가 풀려나기는 해야죠. 그 자리에서
즉시 온전한 보상은 못 받더라도—제가 한 번이라도
이 일을 폐하께 끄집어냈거나,
폐하 앞길에 어떤 가책거리를 펼쳐 놓아
폐하로 하여금 그 문제를 생각케 유도했거나, 한 번이라도
폐하께, 이토록 고귀한 부인을 내리신 것에 대해
하나님께 감사하지 않고 아뢴 적이 있나이까, 조금이라도
왕비님 현 신분에 손상이 가거나
훌륭하신 인격에 비난이 될 말을?

헨리 왕   우리 추기경,
그런 일 전혀 없소, 그래요, 내 명예를 걸고,
그렇지 않음을 보증하겠소. 굳이 이르지 않아도 알 것이오
경의 적이 많다는 것을, 그들은 모르지요
자신들이 왜 그런지를. 그럼에도, 동네 개들처럼,
남이 짖으면 같이 짖는 것이고. 이런 부류 몇몇이

왕비를 화나게 한 것이오. 그대는 잘못 없소.
더 밝혀 드릴까? 그대는 늘
이 문제를 잠재워 두려 했지요, 결코 바라지 않았어요,
야기되는 것을, 오히려 막았지, 종종,
야기시키려는 조처를. 내 명예를 걸고
말하노니 우리 추기경은 지금까지 그리고
여기까지 무죄요. 자, 왜 내가 의혹을 갖게 되었느냐,
길고 번거로운 얘기가 되겠으나 해야 하겠소.
그러니 잘 들어요 왜 그랬는가. 이렇게 된 거요—주목들 하
오.
내 양심이 처음 민감해지고,
꺼림칙해지고, 찔렸던 것은, 어떤 말을 듣고부터였소,
바욘 주교, 당시 프랑스 대사가 했던 말인데,
그는 이리로 파견되어 논의 중이었소,
오를레앙 공작과 짐의 딸
메리의 결혼을. 일을 추진하던 중,
중대 결정을 내리기 전에, 그가—
그 주교 말이오—유예를 요구하는 거요
그의 주군인 왕한테 물어봐야 한다는 거지,
짐의 딸이 적자가 되는지 아닌지,
짐의 결혼이 왕비 미망인,
이전 형수와 맺어진 것이니 말이오. 이 유예가 흔들었소
내 양심의 가슴을, 내 안으로 들어왔지,
그래요, 꿰찌르듯, 그리고 떨게 만들었소
흉부 전체를, 이렇게 되니

숱한 혼란스러운 생각들이 몰려와
이렇게 다그치는 거였소. 첫째, 아무래도
난 하늘의 미움을 받는 모양이다. 하늘이
자연에게 명령을 내린 모양이야, 내 아내 자궁이,
나로 하여 사내아이를 배게 되면, 해 줘야 할
생명의 업무는
죽은 자한테 무덤이 해 주는 역할에 그치라고. 그녀가 낳은 사내아이는
죽었으니까, 잉태되자마자, 혹은 세상의
공기를 숨 쉬자마자. 그러니 난 이런 생각이 들 밖에, 즉
하늘이 내게 심판을 내려 내 왕국은,
세상에서 가장 훌륭한 후계자를 얻을 만한데도, 그 기쁨
누리지 못하는구나. 그러다가
나는 숙고해 보게 되었소, 내 왕국이 내 이 후계자 부재로
처하게 된 위험을, 그리고 그건 내게
이루 말할 수 없는 번민과 고통을 안겼소, 그렇게 내 양심의
거친 바다를 떠다니며, 난 정말 겨우겨우 키를 잡아온 거요,
이 치료법을 향하여, 그것 때문에 우리가
지금 이 자리에 함께 있는 것이고—무슨 말이냐면
난 내 양심을 바로잡고자 했소, 그때
중병에 걸린 것을 알았고, 여전히 낫지 않은 내 양심을,
바로잡아 줄 분은 나라의 온갖 존경할 만한 신부님들과
학문 깊은 박사님들이고. 우선 난 개인적으로 시작했지
그대, 내 고해 신부인 링컨 주교와. 그대는 기억할 것이오
가책에 짓눌려 얼마나 진땀을 흘렸는지,

내가 맨 처음 그대에게 도움을 청했을 때 말이오.

링컨 아주 잘 기억합니다, 주군.

헨리 왕 내 말이 너무 길었소. 그대가 말해 보오

그때 그대가 내 고민에 대해 어떤 충고를 해 주었는지.

링컨 황공하오나 폐하,

그 문제는 처음에 너무도 당혹스러운 것이었습니다,

너무도 중차대했고

그 결과가 끔찍한 것이었으니까요. 그래서 저는

제가 드릴 수 있는 가장 과감한 충고도 미심쩍기에

참으로 간청드린 것이 이 절차였습니다,

폐하께서 지금 치르고 계시는.

헨리 왕 〔캔터베리에게〕 그다음 내가 의논을 구한 것은 그대였소,

우리 캔터베리 경, 그리고 허락받았지요

지금 이 소집을. 양해를 구하지 않은 경우,

이 법정의 존경할 만한 분들 중 아무도 없고,

모두 각별한 동의를 받았소,

서명과 인장이 찍힌 문서로. 그러니, 진행합시다,

결코 내가 싫어하는 것이 왕비의

훌륭한 인품이어서가 아니라, 오로지 날카로운 가시 바늘,

주장하는 내 이성의 그것이, 이 재판을 몰고 가는 까닭이오.

우리 결혼이 적법하다는 증명만 해 준다면, 내 목숨과

왕의 권위를 걸고, 짐은 기꺼이

백년해로하겠소 그녀와,

캐서린, 짐의 왕비와, 가장 완벽한 피조물,

이 세상의 전범으로 여겨지는 여성보다 더 귀애하면서.

캄페이우스 추기경 황공하오나,

　　　왕비께서 궐석이므로, 필요 적절하다 하겠습니다.

　　　이 심의를 훗날로 미루는 것이.

　　　그러는 동안 성심껏 말씀을 드려

　　　왕비께서 취소토록 해야겠습니다 청원,

　　　왕비께서 교황 성하께 드리려는 그것을 말입니다.

헨리 왕 〔방백〕 이제 보니

　　　추기경들이 날 갖고 노는군. 싫다

　　　로마의 이런 꾸물대는 지연 술책이.

　　　학문과 인기가 높은 내 충복, 크랜머,

　　　네가 돌아와야겠다. 네가 다가오면

　　　내 위안도 따라오느니. 〔큰 소리로〕 법정을 파합시다.

　　　내 말하노니, 그리하라.

　　　　　　들어온 순서대로 모두 퇴장

제3막

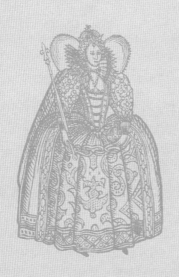

오늘 낸다
희망의 부드러운 이파리를, 내일 꽃을 피우고,
입는다 찬란하고 두터운 명예를,
셋째 날은 서리가 내리지, 사람 잡는 서리가,
그리고, 쉽게 믿는 어리숙한 그 사람, 자신의 고귀가
바야흐로 무르익는다 확신하는데, 해치지 그 뿌리를,
그러면 그가 쓰러지는 거야, 내가 그렇듯.

3막 1장
중궁전

캐서린 왕비와 시녀들, 가사 돌보며 등장

캐서린 왕비 류트를 들거라, 얘야. 시름으로 내 마음 무거우니.

　　노래로, 네가 그것을 흩어 다오. 수는 그만 놓고.

시녀 〔노래한다〕 오르페우스가 류트를 연주하면 나무와,

　　얼어붙은 산꼭대기,

　　　절을 했네 그가 정말 노래를 부를 때면.

　　그의 음악에 풀과 꽃들이

　　늘 솟아났네, 마치 태양과 소낙비가

　　　거기 마르지 않는 샘 만든 것처럼.

　　그의 연주를 들은 만물은,

　　심지어 바다의 큰 파도조차,

　　　머리를 숙이고, 조용해졌네.

　　달콤한 음악 속에는 그런 기술이 있어

　　없애 주네 마음의 근심과 슬픔을

　　　잠재우거나, 아니면, 사라지게 하네.

　　그리피스 의정관 등장

캐서린 왕비 무슨 일인가?

그리피스 황공하오나, 대 추기경 두 분께서
　　　　뵙기를 청하십니다.
캐서린 왕비 나를 만나고 싶다고?
그리피스 그리 전하라 하셨습니다. 마마.
캐서린 왕비 두 분께 전하거라
　　　　이리 오시라고.
　　　　〔그리피스 퇴장〕
　　　　그들이 무슨 일일까
　　　　나, 불쌍하고 약한, 폐하의 은총을 잃은 여인에게?
　　　　마음이 안 내키네, 생각을 해 보자,
　　　　좋은 사람들이어야겠지, 일 처리도 올바르고—
　　　　하지만 두건 썼다고 모두 수사는 아니지.

　　　　　두 추기경 울시와 캄페이우스, 그리피스의 안내를 받으며 등장

울시 추기경 마마께 평안을 기원합니다.
캐서린 왕비 두 분께서 보시듯 저는 지금 주부 수업 중입니다—
　　　　철저히 그리되어야겠지요, 최악의 사태에 대비하여.
　　　　무슨 일이시오, 존경할 만한 경들?
울시 추기경 황공하오나, 고결하신 마마, 드시지요
　　　　마마의 내실로, 그러면 우리가 드릴 수 있겠습니다.
　　　　마마를 배알한 상세한 이유를.
캐서린 왕비 여기서 말하시오.
　　　　이제까지 난 전혀 저지른 바 없소, 내 양심을 걸고,
　　　　남의 눈을 피해야 할 일을. 좋겠군요. 다른 여인들 모두
　　　　나만큼 죄 없는 영혼으로 이 말을 할 수 있다면.

두 분, 난 상관 안 해요—그만큼 난 행복한 거죠

숱한 사람들보다 더—내 행동을

모든 혀들이 각각 논하고 모든 눈들이 각각 보면서,

양심과 저열한 추문을 퍼부어 댄단들,

저의 생은 그만큼 한결같이 정숙하답니다. 두 분 용무가

저와 아내로서 제 행동에 관한 것이라면,

기탄 없이 물으시오. 진실은 공개 거래를 좋아하니까.

울시 추기경 너무도 크옵니다, 고귀하신 마마, 마마를 향한 제 성

심은—

캐서린 왕비 오, 훌륭하신 경, 라틴어로 하지 마세요.

난 이리 온 이후 게으름 피우지 않고

익혔습니다, 내 사는 곳 언어를.

낯선 언어를 쓰면 내 명분이 더 이상한 의심을 받게 되지

요—

부디, 영어로 하세요. 여기 있는 몇몇은 경께 감사하겠죠,

경이 진실을 말한다면, 불쌍한 여주인을 위해 말이오.

정말, 그 여주인 엄청난 불의를 겪었지요. 추기경,

내가 이제껏 저지른 가장 고의적인 죄도,

영어로 하면 용서받게 될 것이오.

울시 추기경 고결하신 마마,

유감이옵니다, 제 성심이 낳은 것이 하필—

폐하와 마마에 대한 저의 복종 또한—

그리 깊은 의심이라니, 오로지 충성의 뜻이었건만.

저희가 온 것은 비난을 위해서가 아닙니다,

훌륭한 혀들이 모두 축복하는 그 명예를 더럽히려는 것도,

마마를 어떻게든 슬프게 하려는 것도 아니고—

　　이미 너무 많은 슬픔을 겪으셨잖습니까, 마마—다만 알려는

것입니다

　　마마의 의중, 폐하와 마마 사이

　　중대한 견해차에 대한 그것을, 그리고 전하려는 것입니다,

　　솔직하고 정직하게, 우리의 정당한 견해와

　　위로를, 마마의 명분에 대해서.

캄페이우스 추기경　참으로 명예로우신 마마,

　　우리 요크 경은, 그의 고결한 성품,

　　열의와, 그가 아직도 마마께 품고 있는 복종심으로,

　　훌륭한 사람답게, 마마의 최근 그의 진실 및

　　인신 비난도 잊고—너무 심하셨지요—

　　바치려는 것입니다, 저와 같이, 화해의 표시로,

　　그의 충성과 충언을.

캐서린 왕비　〔방백〕 그리고 배신하겠지.

　　〔큰 소리로〕 두 분, 두 분 모두 호의에 감사하오.

　　말씀은 정직한 사람 같소—하나님이 그리 증명해 주시기를.

　　그러나 어떻게 그대들 질문에 갑작스레 답해야 할지

　　너무나 중대한, 내 명예와 직결된—

　　목숨과 더 직결된, 아무래도—문제라서 내 무딘 머리로는,

　　그리고 이토록 비중과 학문이 높은 분들한테라니,

　　도무지 모르겠구려. 나는 가사를 돌보는 중이었소,

　　내 시녀들과 함께, 전혀—하나님이 아시죠—예기치 않소,

　　이런 분들도 이런 일도.

　　나의 예전인 그녀를 위해—이것이 왕비로서

마지막 발작 같으니—훌륭하신 두 분,

내 명분을 위해 시간을 갖고 조언을 받게 해 주시오.

아아, 내게 친구가 없으니, 희망 없는 여인이로다.

울시 추기경 마마, 그 우려는 왕의 사랑을 모독하시는 겁니다.

마마의 희망과 친구들은 무한하지요.

캐서린 왕비 잉글랜드에서는,

별 소용이 없는 친구들이오. 상상하실 수 있소, 두 분,

잉글랜드인 누가 감히 내게 충고를 해 주거나,

아니면 내 친구로 알려져 폐하의 진노를 사게 되는 것을—

그가 너무나 무모하여 진실을 말할 수는 있겠으나—

그러고도, 폐하 신민으로 사는 걸? 아니죠, 분명, 내 친구들,

내 고통을 덜어 주어야 할 그들,

내가 신뢰해야 할 그들은, 이곳에 살지 않아요.

그들은, 내 다른 위로 전부가 그렇듯, 멀리 떨어져 있죠,

내 조국에 말이오, 경들.

캄페이우스 추기경 원컨대 마마께서는

슬픔을 버리고 제 충고를 받아 주소서.

캐서린 왕비 어떻게 하라고요, 경?

캄페이우스 추기경 주요 명분을 왕의 보호에 맡기소서.

그분은 마마를 사랑하고 너무나 인자하시죠. 그러면 훨씬
더 좋을 겁니다, 마마의 명예와 마마의 명분 양쪽에,

왜냐면 법의 심판이 마마를 덮칠 경우,

마마께서는 치욕을 안고 떠나게 되실 테니까요.

울시 추기경 〔왕비에게〕 그 말이 맞습니다.

캐서린 왕비 두 분은 내게 두 분 다 원하는 것을 말하시네요—나의
　　　파멸 말이오.

　　　이것이 그대들의 기독교인다운 충고요? 물러가시오!

　　　하늘이 아직 만물의 지상이오—거기 앉아 계신 재판관은

　　　어느 왕도 부패시킬 수 없는 법.

캄페이우스 추기경 마마의 진노가 우리의 진의를 가리웁니다.

캐서린 왕비 더더욱 부끄러운 일! 난 그대들을 성자로 여겼소,

　　　내 영혼을 걸고, 두 추기경을 두 기본 덕목으로—

　　　하지만 7대 죄악 중 둘이자 텅 빈 마음 아닌가 싶구려,

　　　개심하오, 수치를 알고, 경들! 이것이 그대들의 위로요?

　　　이것이 향유란 말이오, 그대들이 가여운 여인,

　　　그대들 한복판에서 파멸, 조소, 경멸당한 여인에게 주는?

　　　난 내 불행의 반도 그대들에게 떨어지라고 빌지 않겠소—

　　　내가 더 자비로우니까. 하지만 내 정말 경고하오.

　　　조심하시오, 하늘이 보고 있으니 조심하라구, 순식간에

　　　내 슬픔의 짐이 그대들한테 떨어질지 모르니.

울시 추기경 마마, 이건 정말 광기 밖에 안 됩니다.

　　　마마께서 이렇게 우리의 선의를 악의로 돌리시다뇨.

캐서린 왕비 그대들이 날 무로 돌리고 있지. 통탄 있으라 그대들,

　　　그리고 모든 그런 거짓된 성직자들. 그대들이 어찌 나를—

　　　그대들에게 조금이라도 정의감, 자비심이 있다면

　　　그대들이 의상만 성직인인 게 아니라면—

　　　내 연약한 명분을 쥐어 줄 수 있소, 날 증오하는 폐하 손에?

　　　아아, 그분은 이미 나를 침대에서 내쫓으셨소—

　　　그분의 사랑, 또한, 오래전에. 난 늙었어요, 경들,

그리고 나를 그분과 이어 주는 유대는 오로지

복종뿐입니다. 있을 수 있겠습니까,

내게 이보다 더한 비참이? 그대들의 그 잘난 학문으로도

상상할 수 없을 것이오. 이보다 더 끔찍한 운명은.

캄페이우스 추기경 기우십니다.

캐서린 왕비 내가 이렇게 오랫동안을—내가 날 대변해야겠소,

미덕은 고독한 법이니—아내로, 진실된 아내로 살았던 거

맞소?

한 여자, 감히 말하건대, 허영이 없는,

아직까지 한 번도 의심의 낙인이 찍힌 적 없는 여자로?

내가 나의 모든 애정을 다 바쳐

늘 왕을 모셨고, 하늘 다음으로 사랑했고, 복종했고,

무턱대고 좋아하여 어리광을 부릴 정도였고,

그분 기분 맞춰 드리느라 기도까지 잊을 뻔했던 것 맞소?

그런데 그 보답이 이거란 말이오? 이건 아니죠, 경들.

데려와 보시오, 남편에게 성실했던 여자,

그를 누리는 기쁨 너머 즐거움은 결코 꿈꾸지 않았던 여자

를,

그러면 그 여자가 최선의 상태라 하더라도,

난 한 가지 명예를 더할 수 있어요, 대단한 인내가 그것이

죠.

울시 추기경 마마, 우리가 의도하는 선의를 곡해하지 마소서.

캐서린 왕비 경, 나는 감히 짓지 못합니다, 너무 커서

그 고결한 칭호, 경의 주인이

결혼으로 내게 준 그것을 선뜻 포기해야 할 죄를. 죽음만이

이혼시키게 될 거요 내 지위를.

울시 추기경 부디 제 말을 좀.

캐서린 왕비 이 잉글랜드 땅에 결코 발을 디디는 게 아닌데,

이 땅에서 자라는 아첨을 눈치 채거나.

그대들은 천사의 얼굴이냐, 하늘만 아오 그대들 마음은.

이제 난 어떻게 될까, 이 가여운 여인은?

난 가장 불행해, 살아 있는 여인 중.

〔그녀 시녀들에게〕 아아, 불쌍한 너희를 어떤단 말이냐?

난파된 그 왕국에는 날 위해 울어 줄 일체의 자비가,

친구 한 명이, 일체의 희망이, 친척 한 명이 없는데?

자칫하면 무덤도 허락되지 않을 텐데? 백합꽃처럼

한때 들판의 여왕으로 활짝 피었다가,

난 목을 늘어뜨리고 죽을 것이다.

울시 추기경 어떻게든

우리 의도가 정직하다는 걸 알게만 되신다면,

마마의 마음이 더 편해지리이다. 왜 우리가, 착하신 마마,

무슨 이유로, 마마를 해코지하겠습니까? 아아, 저의 직위,

제 소명의 방식이, 그리 못하게 합니다.

우리는 그런 슬픔을 치유하라는 사람인데, 뿌리다니요.

부디, 잘 생각하고 처신해 주소서,

마마 자신을 다치게 할 수 있어요, 예, 완전히

국왕 눈 밖에 나실 수 있지요. 이런 행동은.

군주의 마음이 입 맞추는 것은 복종입니다,

그만큼 그걸 사랑하지요, 하지만 완고한 고집한테는

마음이 폭풍처럼 부풀고 무서운 기세를 띱니다.

마마께서는 성품이 부드럽고 고결하시잖습니까,

　　고요하고 흔들림 없는 영혼이시죠. 부디, 여기소서 우리를

　　우리가 천명하는 대로─조정자, 친구이자 신하로.

캠페이우스 추기경　마마, 그럴 것입니다. 마마의 미덕을 모독하시

　는 거지요,

　　이러한 연약한 여인네나 품을 걱정은. 고결한 정신은,

　　마마께서 바로 그것을 지니셨거니와, 늘 떨쳐내지요

　　이런 의심을 위조 주화처럼. 왕께서 마마를 사랑하십니다.

　　조심하십시오 그것을 잃지 않도록. 우리로 말하자면, 부디

　　이번 일에 우리를 믿어 주신다면, 기꺼이

　　학문의 최선을 다하여 마마를 보필할 것입니다.

캐서린 왕비　뜻대로들 하세요, 경들, 그리고 부디 용서하시오,

　　내가 무례하게 굴었다면,

　　아시다시피 난 아녀자죠, 이해력이 모자라지요,

　　이런 분들께 어울리는 답변을 해 드리기에는.

　　부디 폐하께 제 존경을 전해 주세요.

　　아직 제 마음은 폐하 것이고, 폐하를 위해 기도드릴 겁니다,

　　제가 살아 있는 동안에는. 가시요, 존경할 만한 신부님들,

　　충고를 내려 주세요. 그녀가 이제 간청드립니다,

　　별 생각 못했던 여자죠, 이 땅에 발을 디딜 때는,

　　자신의 직위를 얼마나 비싸게 샀던 것인지 말입니다.

　　　모두 퇴장

3막 2장

궁정

노포크 공작, 서포크 공작, 서리 경, 그리고 궁내장관 등장

노포크 여러분께서 한 목소리로 탄원드리고,

변함없이 밀어붙인다면, 추기경은

그걸 견디지 못할 것이오. 만일 어영부영

이번 기회를 놓친다면, 장담컨대 분명

새로운 치욕을 더 겪게 될 거요,

기왕의 것에 더하여.

서리 나는 어서 빨리

붙잡으면 좋겠소. 아무리 하찮은 기회라도 그것이

내 장인이셨던 버킹검 공작을 상기시켜,

내가 울시한테 복수할 수 있다면.

서포크 귀족들 중 누구 하나라도

경멸에 찬 그의 눈총을 받지 않았거나, 최소한

낯선 냉대를 겪지 않은 사람 있나요? 그가 언제든

누구 하나 귀족 대접을 해 준 적 있소,

자기 자신 말고는?

궁내장관 경들, 경들 뜻이 그러하시군요.

그자가 여러분과 저한테 어떤 자인지 알겠습니다,

그자에게 뭘 할 수 있을지는—비록 지금이 시기가
우리에게 유리합니다마는—심히 걱정되는군요. 능력이
그자를 국왕한테서 떼어 놓는 것에 미치지 못한다면, 결코
그자에게 맞설 생각 마세요. 그자는 언변의 마법으로
국왕을 좌지우지하거든요.

노포크 오, 그건 겁날 것 없소.

그 주문은 깨졌소. 왕께서 발견하셨지요
그자에게 불리한 건수를, 그것이 영영 못 쓰게 만든다오
그의 꿀 바른 말솜씨를. 아니, 꼼짝없지,
빠져나오지 못해요, 폐하의 진노를.

서리 공작님,

한 시간마다 들어도 기분이 좋겠네요,
그런 소식은.

노포크 정말, 사실이오.

이혼 문제에서 그가 반대 공작을 한 것이
모두 드러났는데, 그 꼴은
내가 내 적한테 바라 마지않던 그대로지.

서리 어쩌다가

그의 계략이 들통 났답니까?

서포크 아주 공교롭게 그리되었죠.

서리 오, 어떻게, 어떻게요?

서포크 교황께 보내는 추기경 편지가 어긋나,

왕께서 그걸 보시게 되었는데, 그 내용인즉슨
추기경이 교황 성하께 간청드리는 거였소,
이혼 판결을 연기해 달라고, 왜냐면 만일

　　　　판결이 내려지면, '제가 정말,' 그는 이랬지, '파악하기로는

　　　　왕께서 애정으로 얽혀 있습니다,

　　　　왕비의 시녀, 앤 불린 부인과.'

서리　왕께서 읽으셨다고요?

서포크　물론.

서리　효과가 있을까요?

궁내장관　이걸로 국왕이 알게 됐네요. 그가 해안을 에둘러 배를 몰며

　　　　비밀리에 움직인다는 걸. 하지만 이 시점에서

　　　　그의 모든 책략 무너지고, 그가 약을 가져와 봤자

　　　　그야말로 사후약방문 격. 국왕께서는 이미

　　　　결혼하셨습니다. 그 아름다운 부인과.

서리　그러면 좋으련만.

서포크　그 바람 기뻐하셔도 되오, 우리 경,

　　　　내 공언커니와 그 바람 이루어졌으니.

서리　이제 내 온갖 기쁨이

　　　　이 결합 따르기를.

서포크　그 말에 나도 아멘이오.

노포크　모두 아멘이지.

서포크　분부가 있었소 그분 대관식을 준비하라는.

　　　　정말, 너무 최근 일이라, 아마도 몇몇은 아직

　　　　자세히 듣지 못하셨을 게요. 하지만, 경들,

　　　　그녀는 탁월한 선택이고, 완벽합니다,

　　　　마음과 용모가. 확신컨대, 그녀로부터

　　　　어떤 축복이 이 땅에 내릴 것이오, 장차

이 땅에서 기억될 만한 아기가.

서리 하지만 왕께서
　　　추기경의 이 편지를 참아 주시면?
　　　주여 그리 말라 하소서!

노포크 정말, 아멘.

서포크 아니, 아니오—
　　　말벌들이 더 있어 그분 코 주변을 윙윙대니
　　　쏘인 효과가 더 빨리 나타나게 되죠. 캄페이우스 추기경이
　　　몰래 로마로 빠져나갔어요, 허가도 받지 않고
　　　국왕 일도 미결로 두고,
　　　서둘러 간 거죠, 우리 추기경의 대리인으로
　　　그의 온갖 음모를 지원키 위해. 확실합니다
　　　왕께서 이 일에 '하!' 하시더라구요.

궁내장관 이제 하나님께서 그분의 성을 돋우시어
　　　더 크게 '하!' 소리치게 하시기를.

노포크 근데, 경,
　　　크랜머는 언제 돌아옵니까?

서포크 의견서는 벌써 도착했는데,
　　　이혼 문제에 흡족케 할 내용이었소, 폐하와
　　　학문하는 성직자 모두를,
　　　기독교권 거의 전체의 의견을 모은 거지요. 곧, 틀림없이,
　　　두 번째 결혼이 공표될 것이오, 그리고
　　　그녀의 대관식도. 캐서린은 더 이상
　　　'왕비'가 아니라, '왕자 미망인', 그리고
　　　'아서 왕자의 과부'로 호칭될 것이오.

노포크 이 크랜머라는 사람

　　홀륭한 친구로군, 애를 많이 썼잖소

　　국왕 일에.

서포크 그랬죠, 그리고 이제 그는

　　그 공로로 대주교 자리에 오를 겁니다.

노포크 그렇게 들었소.

서포크 그렇습니다.

　　　　〔울시 추기경과 크롬웰 등장〕

　　추기경이오.

노포크 잘 봐요, 그를─우울하시군.

　　　　그들이 옆으로 떨어져 울시와 크롬웰을 살핀다.

울시 추기경 〔크롬웰에게〕 서류 꾸러미, 크롬웰─

　　그걸 왕께 올렸는가?

크롬웰 폐하 손에 쥐어 드렸습니다, 침실에서.

울시 추기경 보시던가

　　포장 안 내용물들을?

크롬웰 즉각

　　봉인들을 뜯으시고, 보자마자

　　심각하게 읽으셨지요, 우려가

　　안색에 비쳤구요. 추기경께 전하여

　　오늘 아침 이 자리에 배석케 하라셨구요.

울시 추기경 채비가 다 되셨는가,

　　납실?

크롬웰 지금쯤이면 되셨을 겁니다.

울시 추기경 잠시 물러가 있게.

〔크롬웰 퇴장〕

〔방백〕알랑송 공작부인이라야 해,

프랑스 왕의 여동생—왕은 그녀와 결혼해야지.

앤 불린? 아니지, 왕한테 앤 불린은 안 되지.

얼굴 예쁘다고 되는 게 아냐. 불린?

안 돼, 난 볼링 안 하겠어. 빨리 왔으면,

로마에서 전갈이. 펨브루크 여후작?

귀족들이 자기들끼리 방백

노포크 뭔가 못마땅하군.

서포크 들었는지도 모르지요. 왕께서

그를 겨냥하여 분노의 칼을 갈고 있다는 걸.

서리 아주 날카롭게 갈게 하소서,

주여, 당신의 정의를 위해.

울시 추기경 〔방백〕이전 왕비의 시녀를? 기사 딸을

여주인의 여주인으로? 왕비의 왕비로?

흐리멍덩한 촛불이로다, 내가 심지를 눌러야겠어.

그러면 꺼지겠지. 어떻단 말인가, 그녀가 미덕 있고

왕비감이란들? 어쨌든 내가 아는 건 그녀가

열 뻗친 루터교 신자라는 거, 그리고 좋을 게 없지

우리 계획에, 그녀가 차지할 가슴이

말 잘 안 듣는 우리 왕의 그거라면. 게다가, 갑자기 솟아났다.

이단자 한 놈이, 대역 이단자지, 크랜머, 그자가

왕의 은총 속으로 슬금슬금 기어들더니,
아예 신탁 노릇을 하고 있어.

귀족들이 자기들끼리 방백

노포크 저자가 뭔가에 짜증이 난 것 같은데.

〔헨리 왕이 두루마리 문서를 읽으며 러벨과 함께 등장〕

서리 그 뭔가가 갉아먹으면 좋겠네요, 현을,
　　　저자와 왕 사이 심금을 울리기는커녕 갉아먹었으면.

서포크 왕이 납시었소, 왕이!

헨리 왕 〔방백〕 이리 엄청난 재산 더미를 그가 쌓아 놓았다,
　　　자기 몫으로? 낭비는 시간제로
　　　물 쓰듯 하고? 검약한 체하더니
　　　긁어모았다, 이렇게? 〔귀족들에게〕 이보오, 경들,
　　　추기경 보시었소?

노포크 주군, 우리가
　　　여기 서서 그를 살폈습니다. 어떤 이상한 소요가
　　　있더군요 그의 두뇌에. 입술을 깨물고, 깜짝 놀라고,
　　　갑자기 멈칫하고, 땅을 내려다보고,
　　　그러더니 손가락을 관자놀이에 갖다 대고, 즉각
　　　용수철 튀듯 빠른 걸음을 취하더니, 다시 멈추고,
　　　가슴을 세게 두드리고, 그러고는 이제 눈을 들어
　　　달을 쳐다보고요. 참으로 이상한 자세를
　　　우리 눈앞에서 그가 취하더군요.

헨리 왕 당연히
　　　그의 마음에 폭동이 자리 잡았겠지. 오늘 아침

국사 서류를 그가 숙독하라고 내게 보냈소

내가 보내라 했지요, 그런데 내가 뭘 봤는지 아시오

거기서, 내 양심을 걸고 정말 본의 아니게?

맙소사, 목록이었소. 적시되어 있더군,

여러 꾸러미가, 그의 금은제 식기, 그의 보물,

값비싼 원단, 그리고 집안 장식품 등

너무도 사치스러워 첫눈에 보아도

신하가 지녀서는 안 되는 품목들이.

노포크 하늘의 뜻입니다.

어떤 유령이 이 서류를 꾸러미에 넣어

폐하 옥안에 축복을 내린 것이죠.

헨리 왕 짐의 생각에

그의 명상이 대지 상공

영적인 대상에 골똘한 것이라면, 여전히

곰곰 생각하게 두어야겠지. 하지만 아무래도

그의 생각은 달 아래인 듯하니,

진지한 숙고를 짐이 방해해도 되렷다.

　　　왕이 자리에 앉고 러벨에게 귓속말을 하면, 러벨이 추기경한테 간
　　　다.

울시 추기경 하늘이여 절 용서하소서!

　　　〔왕에게〕 늘 하나님께서 폐하께 축복을 내리시기를!

헨리 왕 훌륭하신 우리 경,

그대는 천상의 소재로 꽉 차 있고, 품고 있소 목록,

최고 미덕의 그것을 마음속에, 그것을

지금 훑어보시는 중일 테고요. 그대는 시간이 좀체 없지요,
영적인 유유자적 중 슬쩍 빼내어 짧게나마
세속에 귀를 기울일 시간이. 그럼요, 그 점에서,
난 그대를 남편으로 부적격이라 보고, 기쁘오
그 점에서 그대는 나의 동반자인 셈이니.

울시 추기경 폐하,

저는 사제직 수행하는 시간이 있고, 그 외에
제가 맡은 국사 부분을 생각해야 하는
시간도 있습니다. 그리고 자연이 요구하는
신체 보존 시간도 있지요. 그것은, 어쩔 수 없이,
제가, 자연의 연약한 아들로서, 내 형제 인간들과 더불어,
보살펴야 하는 것이니까요.

헨리 왕 말씀 잘하시었소.

울시 추기경 폐하께서 늘 함께 엮어 주시기를 바라옵고요,

제가 폐하께 명분을 드리는 대로, 제 행동 잘함을
제 말 잘함과 말입니다.

헨리 왕 다시 한 번 말씀 잘하시었고,

말씀 잘하시는 것도 일종의 훌륭한 행동이지요—
하지만 말은 행동이 아니지. 내 아버지가 그대를 사랑했소.
그렇다고 말씀하셨고, 자신의 행동으로 실천하셨지,
자신의 말로 그대를 높여줌으로써 말이오. 왕에 오른 이래,
나는 그대를 마음에 가장 가까이 두고, 그대를
높은 수익이 절로 굴러드는 자리에 앉혔을 뿐 아니라
내가 현재 갖고 있는 것을 쪼개어 내리기도 했단 말이오,
나의 은전을 그대에게.

울시 추기경 (방백) 이게 도대체 무슨 소리지?

서리 (방백) 주여 이 사태를 키워 주소서!

헨리 왕 내가 그대를 만들지 않았소,

　　　　국가의 주요 인사로? 어디 말해 보시오

　　　　지금 내가 한 말을 그대가 사실이라고 보는지,

　　　　그리고, 고백할 수 있다면, 더불어 말해 보오

　　　　그대가 내게 빚이 있는지 아닌지. 어떻소?

울시 추기경 폐하, 고백건대 폐하의 은총이

　　　　제게 매일 소나기처럼 내렸기에 제가 아무리

　　　　궁리하고 애를 써도 되갚을 수 없었고, 그것은

　　　　어느 누구도 불가능할 정도였나이다. 제 노력은

　　　　늘 제 열망에는 터무니없이 부족했고,

　　　　다만 제 능력과 짝을 이뤘을 뿐이죠. 제 자신의 목표가

　　　　제 것인 것은 언제나 그것이 지향하는 바가 오로지

　　　　폐하의 너무도 거룩한 옥체와 국가의 이익에

　　　　도움이 되는 한에서였습니다. 폐하께서 엄청난 은총을

　　　　제 위에 더미로 쌓아 주셨으나, 초라한 아랫것인 저는

　　　　드릴 것이 오로지 충성스런 감사,

　　　　폐하를 위해 하늘에 기도하는 것, 저의 충절뿐이었고,

　　　　그것은 전에도 앞으로도 계속 늘어날 것입니다,

　　　　죽음, 그 겨울이, 그것을 죽일 때까지.

헨리 왕 공명정대한 답변이로다.

　　　　충성과 복종의 신하가

　　　　그 안에 잘 드러나 있구려. 충성과 복종의 명예가

　　　　충성과 복종의 보답이요, 그것은, 정반대로,

비열이 그 형벌인 것과 같소. 내 감히 생각건대

내 손이 막힘없이 그대에게 은전을 베풀었고,

내 심장이 사랑을 흘리고, 내 힘이 명예의 비를 내려 준 것이

어느 누구보다 그대이니, 그대의 손과 심장,

그대의 두뇌와, 그대 힘의 온갖 기능이,

필히, 로마에 대한 의무에도 불구하고,

말하자면 각별한 사랑을, 더

바쳐야 하오 누구보다도 나, 그대 친구에게.

울시 추기경 천명컨대

폐하가 잘되시는 쪽으로 저는 늘 애썼습니다,

제 자신 쪽보다, 더 그렇고, 그래 왔고, 그럴 것입니다—

설령 세상 전체가 폐하에 대한 복종 맹세를 저버리고,

영혼에서 내팽개치게 된다 해도, 설령 위난이

만연하고, 상상 가능한 최대로 두텁고,

그 외양은 더 무시무시하더라도—하지만, 제 의무는,

호되게 꾸짖는 급류에 맞선 바위처럼,

필히 이 사나운 강물의 접근을 저지할 것이고,

흔들림 없이 당신의 신하로 설 것입니다.

헨리 왕 고결하신 말씀이오.

유념하시오, 경들, 그는 충성스런 가슴의 소유잡니다,

보셨잖소 그가 연 가슴을. 〔울시에게〕 이것을 읽어 보라,

〔그가 울시에게 서류 한 장을 준다〕

그리고 이것도 읽은 후 〔그에게 서류 또 한 장을 주며〕, 아침을 먹거라,

그러고도 남은 식욕이 있다면.

　　　　울시 추기경을 노려보며 헨리 왕 퇴장. 귀족들이 그 뒤로 떼를 짓
　　　　고, 미소와 귓속말을 주고받으며 퇴장

울시 추기경　이게 도대체 무슨 소리지?

　　왜 이리 갑작스레 화를? 내가 어쨌길래?

　　그분이 노려보며 날 떠나셨다, 마치 멸망이

　　두 눈에서 튀어나오는 것처럼. 그렇게 보지, 성난 사자가

　　자신에게 상처 입힌 대담한 사냥꾼을,

　　그런 다음 사냥꾼을 도륙내 버리지. 이 서류를 읽어야겠

군—

　　아무래도, 이게 화근인 듯한데.

　　　　　〔그가 서류 한 장을 읽는다〕

　　그렇군.

　　이 서류가 날 파멸시켰구나. 이건 목록이다,

　　엄청난 양의 재산 목록, 내가 내 자신의 목적을 위해

　　긁어모은—정말, 교황직을 따내기 위해

　　그리고 로마 친구들 비용을 대 주려고. 오 부주의로다,

　　멍청이나 빠지기에 알맞은! 어떤 성미 꼬인 악마가

　　나로 하여금 너무나 중요한 이 비밀문서를 집어넣게 했지

꾸러미에,

　　왕에게 보낼 그것에다? 회복할 방도가 없을까?

　　새로운 계책이 없을까, 이것을 그의 두뇌에서 내쫓을?

　　왕이 엄청 화가 났겠구나. 하지만 길이

　　딱 하나 있지, 잘만 되면, 불운에도 불구하고,

나를 다시 구해 줄 게야. 이건 뭐냐?

〔그가 다른 서류를 읽는다〕

'교황께'?

편지로다, 아뿔싸, 모든 일을

성하께 글로 아뢴. 안 되겠구나 그렇다면, 끝장이야.

나는 내 온갖 직위의 최고 정점에 올랐는데,

영광의 꽉 찬 절정에서

내가 이제 서둘러 지는도다. 나는 떨어지게 될 것이다

저녁의 찬란한 유성처럼,

아무도 날 더 이상 보지 못하고.

울시 추기경에게 노포크 및 서포크 공작, 서리 백작, 그리고 궁내
장관 등장

노포크 국왕의 뜻을 전하겠소, 추기경, 왕명이시니

즉시 국새를 내놓으시오,

우리 손에, 그리고 틀어박히시오

애셔 하우스, 윈체스터 경 자택에,

그리고 폐하의 하회를 기다리시오.

울시 추기경 잠깐―

위임장은 어디 있소, 경들? 말로는 집행할 수 없어요,

그토록 중요한 권한을.

서포크 누가 감히 거역한단 말이오,

폐하 입에서 곧장 옮겨 온 명을?

울시 추기경 실행할 의지 혹은 말 이상의 것이라면 모를까―

악의 말이오―알아 두오, 쓸데없이 나서는 경들,

난 감히 또 마땅히 거부하겠다 그걸. 이제 알겠군
너희 기질의 틀을—원한이지.
얼마나 열심히 너희가 내 치욕을 좇는지
그게 밥인 듯, 그리고 얼마나 비굴하고 성급하게
구는지, 내 자신의 파멸을 부르는 모든 일에서!
좇거라 너희 시샘의 경로를, 악의의 사내들아.
기독교가 보장하니라. 그리고 분명
때가 되면 응분의 벌을 받을 것이다. 국새를
너희가 이리 맹렬하게 달라 하지만, 그것은, 국왕,
나의 주인이자 너희 주인이, 자기 손으로 직접 내게 주셨어,
누리라 하셨다. 직위 및 명예와 함께,
평생 동안, 그리고 그 친절을 확인하는 뜻으로,
공개 문서까지 붙여 주셨다. 근데, 누가 가져가겠다는 게
냐?

서리 그걸 주셨던 왕께서.

울시 추기경 그렇다면 그분이 직접 달라셔야지.

서리 당신은 오만한 반역자로군, 사제.

울시 추기경 오만한 백작, 네 말은 거짓이야.
앞으로 마흔 시간 안에 서리 네놈은 그 혀를
나불대느니 차라리 불태우는 게 나았을 신세가 될 것이다.

서리 네 야망,
주홍 옷 탐욕 죄가, 강탈해 갔어 이 통곡하는 땅에서
고결한 버킹검, 내 장인을.
네 모든 추기경 형제들의 머리에다
너와 네 최선의 특성 전부를 합쳐도

그분 머리칼 한 올에 미치지 못했거늘. 빌어먹을 술책으로,

네가 날 보냈지 아일랜드 총독으로,

아주 멀리 떼어 냈어 그의 구원으로부터, 왕으로부터, 네가

고소한 그의 혐의를 너그럽게 보아줄 모든 이로부터.

그러는 동안 네 대단한 선의가, 거룩한 자비로,

그분을 놓아드렸다 도끼 한 방으로.

울시 추기경   이것과, 다른 모든 일을

이 떠버리 백작이 내 탓으로 돌리겠다는 건데,

내 답하지만 새빨간 거짓말이야. 공작은 법에 의해

응분의 벌을 받았느라. 참으로 내가 개인적인 악의 없이

그의 최후를 지켜볼 뿐이었다는 것은,

그의 고결한 배심원과 비열한 사건이 증언해 줄 것.

내가 과묵해서 그렇지, 아니면 네놈을 호통쳤을 게야

네놈은 정직도 명예도 아는 바가 별로 없으니까,

나로 말하자면 충성과 진실로

국왕, 내 영원한 주군을 모심에 있어,

굳이 대적할 게 없는 사람이다. 멍청한 서리와

그의 우둔을 사랑하는 자 모두 마찬가지고.

서리   내 영혼을 걸고 말하건대,

네놈의 긴 외투가 널 살렸다, 아니면 차가웠을 터,

네놈 생명-피 속에 내 칼이 말이다. 경들,

이 오만방자를 그냥 참고 들으시는 게요,

더군다나 이자의 그것을? 이렇게 길들여져 살 것이면,

주홍색 헝겊 쪼가리에 이리 주눅들 것이면,

귀족 신분 다 버립시다. 추기경 저하 계속하시고,

그 주홍 모자로 우릴 겁먹은 종달새 만들게 둡시다.

울시 추기경 온갖 선의가

독이로구나, 네놈 위장에는.

서리 독이다마다, 그 선의가

나라의 재화 전체를 하나로 모으고,

강탈을 통해, 추기경, 네놈 수중에 쓸어 담는 선의라면,

그 선의가, 차단당한 네 꾸러미,

국왕에 맞서 교황한테 보낸 그것의 선의라면, 네 선의는—

네가 날 자극하니까—아주 악명 높은 독일 밖에.

노포크 경, 경은 진정 고결하시고,

경께서 염려하시는 것이 공익과 처지,

경멸당한 우리 귀족과, 우리 자손의 그것이니—

이자가 살면 그들은 신사 되기도 힘들걸요—

제시해 주세요, 이자가 지은 범죄 총괄 내역, 항목들을,

생애에 걸쳐서. 〔울시에게〕 내 너를 놀래켜 주마

추기경, 거무튀튀한 계집이 네놈 팔에 안겨 입 맞출 때

울리는 미사 종소리보다 너를 더 화들짝하게 말이다.

울시 추기경 〔방백〕 정말 이자는, 실컷 쌍욕을 해 주고 싶군,

내가 자비를 담당하는 직책만 아니었다면.

노포크 〔서리에게〕 항목들은, 경, 왕께서 갖고 계시오,

하지만 이렇게는 말할 수 있지,—더러운 항목들이라는 거.

울시 추기경 바로 그만큼 더 깨끗하고

얼룩 없는 것으로 내 무죄는 판명되겠지,

왕께서 내 충성을 아시게 되면.

서리 이건 빠져나가지 못할걸.

고맙게도 내 기억이 아직 잊지 않고 있단다

그 항목들 중 몇 가지를, 그러니 들려줘야겠지.

자, 네가 낯을 붉히고 '유죄요' 외칠 수 있다면, 추기경,

네놈이 약간은 정직하다 하겠는데.

울시 추기경 말해 보거라, 이놈,

최악의 비난도 내겐 어림없어. 내가 얼굴을 붉힌다면,

귀족들의 예의 없음이 낯뜨거워서니라.

서리 머리 없는 거보다야 예의 없는 게 낫지. 받아라!

첫째, 국왕의 윤허 혹은 사전 인지 없이

네놈은 교황 대표가 되게끔 일을 꾸몄고, 그 권한을 남용,

불구로 만들었다, 모든 주교들의 재판권을.

노포크 〔울시에게〕 그다음, 공문을 로마로, 아니면 외국

군주들에게 보낼 때마다, '나와 나의 왕'이라

늘 서명하였다―그럼으로써 너는 국왕을

네 신하로 끌어내린 것이다.

서포크 〔울시에게〕 그다음, 사전 통보를

국왕한테도 위원회에도 하지 않고 네가

대사 자격으로 샤를 5세한테 가면서, 너는 감히

플랑드르까지 가져갔다, 국새를.

서리 〔울시에게〕 다음, 네놈은 대규모 대표단을

카사도의 그레고리에게 보내어, 체결케 했다,

국왕의 뜻이나 국가의 동의 없이,

폐하와 페라라 사이 동맹 조약을.

서포크 〔울시에게〕 순전한 야심으로 네놈은

찍게 하였다, 네 성직자 모자를 국왕의 주화에.

서리 〔울시에게〕 다음, 네놈은 무수한 재물을 보내어—
　　　어떤 수단으로 모은 것인지는, 네놈 양심이 알겠지—
　　　로마를 매수하고, 길을 닦아
　　　무한 출세를 도모, 완전히 파멸시켰다
　　　왕국 전체를. 이 밖에도 많지만,
　　　네놈에게서 비롯된 것이라, 악취가 나니,
　　　내 입을 그것으로 더럽히기 싫구나.

궁내장관 오, 경,
　　　쓰러지는 자를 너무 억누르지 마세요. 그게 덕입니다.
　　　그의 잘못은 법 앞에 드러났지요. 법이,
　　　경이 아니라, 교정케 하세요, 그를. 내 마음 울 것 같아요
　　　그 대단하던 분이 이리 왜소해진 것을 보니.

서리 내 용서하겠소.

서포크 추기경, 왕의 뜻을 더 전하겠소—
　　　그대가 최근 로마 교황 사절 권한으로
　　　이 왕국에서 벌인 재판은 교황을 국왕보다
　　　높이 여기는 죄에 해당하노라—
　　　그러므로 칙령으로,
　　　몰수한다, 그대의 모든 재화, 토지, 건물,
　　　개인 재산과, 기타 등등을, 그리고 철회한다,
　　　국왕의 보호를. 이것은 나의 명이다.

노포크 〔울시에게〕 우린 이만 물러갈 것이고 당신은 곰곰 생각해 볼 일이오,
　　　더 착하게 살 길을. 당신이 고집을 부리고
　　　국새를 우리에게 안 내놓은 것에 대해서는

왕께 아뢸 것이니, 왕께서 응분의 조치를 내리실 터.

그러니 우린 이만, 하찮은 착한 우리 추기경.

울시 말고 모두 퇴장

울시 추기경 그래 안녕이다―내게 하찮은 너희들 안녕.

안녕, 오랫동안 안녕, 내 온갖 고귀여!

이것이 사람의 팔자로구나. 오늘 낸다

희망의 부드러운 이파리를, 내일 꽃을 피우고,

입는다, 찬란하고 두터운 명예를,

셋째 날은 서리가 내리지, 사람 잡는 서리가,

그리고, 쉽게 믿는 어리숙한 그 사람, 자신의 고귀가

바야흐로 무르익는다 확신하는데, 해치지 그 뿌리를,

그러면 그가 쓰러지는 거야, 내가 그렇듯. 나는 몸을 맡겼지,

부레 부풀린 부대 타고 떠 있는 개구쟁이 소년처럼,

수수년 여름을 영광의 바다에서,

하지만 너무 깊은 데로 갔어, 한껏 부푼 내 교만이

마침내 터졌다 내 밑에서, 그리고 이제 버렸다, 나를

지치고, 섬김으로 늙은 채로, 횡포,

광포한 물살의 그것에, 분명 나를 영원히 집어삼킬 그것에.

세속의 헛된 영화여, 내 너를 증오하노라!

내 가슴이 새로 열리는구나. 오, 얼마나 비참한가

군주의 총애에 매달리는 불쌍한 사람은!

있구나, 우리가 열망하고픈 그 미소,

군주의 상냥한 안색과, 그것이 일으키는 파멸 사이,

더 많은 고통과 공포 있도다, 전쟁 혹은 여자들보다 더,
그리고 멸망할 때, 그 사람 루시퍼처럼 멸망한다,
다시는 가망이 없는 것이다.

〔크롬웰이 등장하여, 깜짝 놀라 멈춰 선다〕

왜, 무슨 일인가, 크롬웰?

크롬웰 뭐라 말씀드릴 기운이 안 나네요.

울시 추기경 아니, 넋이 나간 것이냐,
내 불행에? 생각지 못했단 말이냐 너는
권세의 몰락을?

〔크롬웰이 울기 시작한다〕

아니지, 자네가 운다면
난 정말 몰락한 거지.

크롬웰 괜찮으십니까 저하?

울시 추기경 물론, 아주 좋다네—
이렇게 진정 행복하기는 처음이라네, 착한 크롬웰.
이제 내가 내 자신을 알고, 느끼네 내 안에
지상의 온갖 직위보다 높은 평화를,
고요하고 조용한 양심을. 왕께서 내 병을 고쳐 주셨군.
몸 낮추어 감사드리고, 이 어깨에서,
이 망가진 기둥에서, 불쌍하니까, 덜어 내야지
군함도 침몰시킬 그 짐을—너무 많은 명예 말일세.
오, 그건 짐이야, 크롬웰, 짐이지,
하늘나라를 희망하는 자가 지기에 너무 무거운.

크롬웰 기쁩니다, 저하의 전화위복이.

울시 추기경 전화위복이어야겠지. 난 이제 가능하네, 내 생각에,

내가 느끼는 영혼의 불굴로,

더한 비참을 견디는 게, 내 소심한 적들이 안기려 드는

것보다 훨씬 더한 비참도 말이지.

바깥소식은?

크롬웰 가장 우울하고 최악인 것은

저하께서 폐하의 진노를 사셨다는 것이겠지요.

울시 추기경 폐께 축복을.

크롬웰 그다음은 토머스 모어 경이

저하를 대신할 대법관으로 임명되었다는 것이구요.

울시 추기경 그건 좀 갑작스럽군.

하지만 그분은 학문이 높지. 그가 오랫동안

폐하의 총애 누리기를, 그리고 정의를 행하기를,

진실과 자신의 양심을 위해, 그리하여 그의 뼈가

생애를 다하고 축복으로 잠들 때

고아들이 눈물 흘려 주는 무덤 갖게 되기를.

그리고?

크롬웰 크랜머가 환호를 받으며 귀국했고,

캔터베리 대주교에 임명되었지요.

울시 추기경 그건 정말 소식이로다.

크롬웰 마지막으로, 앤 부인이,

왕께서 비밀리에 결혼하신 지 오랜 터이다가,

오늘 왕비로서 첫 공식 행차를

예배당으로 했고, 사람들은 이제

오로지 그녀 대관식 얘기뿐입니다.

울시 추기경 바로 그것이 날 끌어내린 분동이로다. 오, 크롬웰,

왕께서 날 앞지르셨어. 내 모든 영광을,
그 여인 하나 때문에 내가 잃었구나 영원히.
어떤 해도 앞으로 내 명예를 전송하거나,
금빛 물들이지 않을 것이다. 귀족 가신들,
내 미소를 고대하던 그들을. 가라, 내게서 떠나게, 크롬웰.
난 가련한, 몰락한 몸이야, 없지,
자네의 윗사람이자 주인 될 자격이. 국왕을 찾아뵙게—
그 태양 결코 지지 않게 해 주소서—내 그분께 말씀드렸네
자네가 얼마나 진실된가를. 그분이 자넬 밀어 주실 게야.
날 약간만 상기시키면 받아 주실 걸세.
내가 알지 그분은 고결한 성품이시라
쓸모 있는 자네까지 내치시지는 않아요. 착한 크롬웰,
충성을 소홀히 하면 안 돼. 기회를 잡고, 마련해야지
장차 자네 안전의 발판을.

크롬웰 〔울면서〕 오, 나리,
나리 곁을 떠나라구요? 제가 단념해야 한단 말입니까,
이리 훌륭하시고, 이리 고결하시고, 이리 진실되신 주인을?
증인이 되어 다오, 무쇠 심장 아닌 모든 사람들,
얼마나 크나큰 슬픔을 안고 크롬웰이 주인과 이별했는지.
국왕께서 제 충성을 받게 되실 것이나, 제 기도는
영영 또 영영 나리께 바쳐질 터.

울시 추기경 〔울면서〕 크롬웰, 내 눈물 한 방울 흘리지 않으려 했다,
내 모든 불행을 겪으며, 하지만 자네 때문에 어쩔 수 없이,
자네의 진심과 성심에 감동하여, 내가 여자처럼 구는구먼.
눈물을 거두세, 그리고 이 말만 새겨 두게, 크롬웰,

그리고 내가 잊혀진 채, 의당 그리될 텐데,

둔하고 차가운 대리석 안에서 잘 때, 거긴 더 이상

날 언급 않는 곳이겠으나, 말해 주게 내가 가르쳤다고—

말해 주게, 울시, 한때 영광의 길을 걸으며

명예의 온갖 깊은 심연과 얕은 여울목을 재 보았던 그가,

자네에게 길을 일러주었다고, 난파를 벗어나, 다시 일어설,

확실하고 안전한 길을, 비록 자네 주인은 못 찾았지만.

주목하면 되지, 내 몰락과 그 원인만.

크롬웰, 내 명하노니, 야심을 내던져 버리라.

바로 그 죄가 천사들을 추락시켰느니. 어찌 인간이, 하물며,

창조주의 모양에 불과한 그가, 그것으로 이득을 보겠는가?

자기 사랑은 마지막. 품어 주게, 자네를 미워하는 마음들을.

끝내 이득을 보는 것은 정직이지 부패가 아니야.

늘 오른손에 부드러운 화해를 들고 다니며

침묵시키게, 시샘 많은 혀들을. 정의롭고, 두려워 말게.

자네가 꾀하는 온갖 목표가 자네 조국의,

하나님과, 진실의 것이게 하게. 그러다 혹시 몰락한다면,
오, 크롬웰,

자네는 축복받은 순교자로 그리되는 것이지.

국왕을 모시게. 날 좀 안으로 부축해 주고—

들어가서 내 전 재산 목록을 짜 주게.

마지막 1페니까지 국왕의 것이니. 내 법복,

그리고 하늘을 향한 나의 성심이, 전부일세,

내가 감히 내 것이라 칭하는. 오 크롬웰, 크롬웰,

내가 나의 하나님께 바친 충성의 열의가

왕께 바친 그것의 반만 되었더라도, 그분께서는 이 나이의
　　나를 알몸으로 적들에게 내주시지 않았으리라.
크롬웰　착하신 나리, 고정하소서.
울시 추기경　그러고 있느니. 안녕
　　궁정의 희망이여, 내 희망은 진실로 하늘에 있나니.

　　　　모두 퇴장

제4막

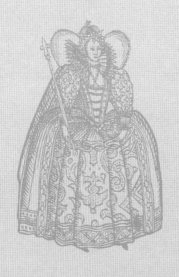

이봐, 내게 영혼이 있는 것 맞다면, 저분은 천사야.
우리 국왕께서 인도 전체를 두 팔에 품으시는 게야,
그 이상이지, 더 부유하지, 왕께서 저 여인을 껴안으시면.
나라도 양심이 흔들리겠어.

4막 1장
웨스트민스터의 한 거리

두 신사가 등장하여 서로 만난다. 첫 번째 신사는 서류를 쥐고 있다.

첫 번째 신사 또 만났군.

두 번째 신사 그렇네.

첫 번째 신사 구경 나오셨는가

앤 부인이 대관식 마치고 가는 행차를?

두 번째 신사 정말 구경거리 아닌가. 저번에 만났을 때는

버킹검 공작이 재판 끝나고 오던 길이었지.

첫 번째 신사 정말 그렇군. 하지만 그땐 슬펐고,

오늘은 모두들 기뻐해.

두 번째 신사 좋은 일이야. 시민들이,

분명, 온전히 보여 주었지 왕에 대한 충성을—

하긴, 권리만 안 건드리면, 늘 보이려 야단들이지만—

이날을 경축하여 연극,

화려한 볼거리와, 가장행렬을 마련했으니.

첫 번째 신사 치러진 중 가장 성대했어,

분명, 반응도 최고였고 말야.

두 번째 신사 근데 좀 물어봐도 되겠나 무슨 내용인지,

자네 손에 든 서류가?

첫 번째 신사 물론, 이건 명단이야

오늘 책임을 맡은 사람들의,

대관식 관례에 따른 것이지.

서포크 공작이 첫 번째고, 맡은 바는

총무장관, 다음은, 노포크 공작,

그는 문장원 총재 역. 나머지는 직접 읽어 보게.

그가 서류를 건네준다.

두 번째 신사 고맙네, 자네. 나도 관례를 모르는 바 아니니까

굳이 자네 서류를 읽어 볼 건 없겠지.

근데 이보게, 어떻게 되었나 캐서린,

그 왕자 미망인은? 어떻게 돌아가는 거야?

첫 번째 신사 그 얘기도 해 줌세. 캔터베리

대주교가, 같은 교단의 다른

학문 높고 저명한 신부들과 더불어,

최근 법정을 열었네 던스테이블에서, 6마일 거리지,

앰트일에서, 미망인 사는 곳 말일세. 던스테이블로

그들이 여러 번 소환했지만, 그녀가 출두하지 않어.

그리고, 짧게 말하면, 출두 거부와,

국왕의 최근 양심 가책을 감안, 만장일치로

이 모든 학문 높은 분들이, 그녀의 이혼을 선포했고,

이전 결혼을 무효화했지,

그 후 그녀는 킴볼튼으로 옮겨졌는데,

지금은 계속 병환 중이라더군.

두 번째 신사 아아, 착하신 마마!

〔안에서 나팔 팡파르〕

나팔 소리야. 물러서세. 왕비께서 오시는 게야.

대관식 행렬이 등장, 질서정연하고 위엄 있게 무대를 가로지른다.
행렬 중 안에서 오보에 소리

대관식 행렬 순서

1. 우선, 나팔수들 등장하여 화려한 팡파르를 울린다.
2. 그다음, 두 재판관 등장.
3. 그다음, 궁내장관 등장, 옥새 주머니와 군표를 앞세웠다.
4. 그다음, 반주하는 악사들과 함께, 어린 성가대원들이 노래 부르며 등장.
5. 그다음, 직장을 든 런던 시장 등장, 그 뒤를 문장 새겨진 복장에 금칠한 청동 관을 쓴 가터 문장관이 따른다.
6. 그다음, 도싯 후작 등장, 황금 왕홀을 들었고, 머리에 황금 영관을 썼고, 목을 황금 사슬로 둘렀다. 그와 함께, 서리 공작 등장, 비둘기 장식 달린 은 지팡이 들고, 백작관 쓰고, 역시 목을 황금 사슬로 둘렀다.
7. 그다음, 총무장관 역 서포크 공작 등장, 대례복 차림이고, 머리에 관을 썼고, 하얀 지휘봉을 들었고, 목을 황금 사슬로 둘렀다. 그와 함께, 노포크 공작, 문장원 총재 지휘봉 들고, 관을 쓰고, 황금 사슬 두르고 등장.
8. 그다음, 5개 항구 남작 4인이 들어 올린 닫집 덮개 아래 새 왕비 앤이 대례복 차림으로 등장. 치렁치렁 늘어뜨린 그녀 머리카락이 진주로 화려하게 장식되어 있다. 왕관을 썼다. 그녀 양쪽은 런던 및 윈체스터 주교.
9. 그다음, 노포크 공작부인, 꽃 장식 금관을 쓰고, 왕비 치마 끝

자락을 들고 등장.
10. 마지막으로, 몇몇 귀부인 혹은 백작부인들 등장, 꽃 없는 평
범한 금관을 썼다.

무대를 가로지르는 행렬에 대해 두 신사가 품평한다.

두 번째 신사 위풍당당한 행렬이군, 정말. 이분들은 알겠는데.

　　　왕홀 든 저 분은 누구지?

첫 번째 신사 도싯 후작이지.

　　　그리고 저기, 지휘봉 든 분은 서리 백작이고.

두 번째 신사 당차고 용감한 그분이군. 저분이 필시

　　　서포크 공작?

첫 번째 신사 맞아. 총무장관.

두 번째 신사 그리고 저분은, 우리 노포크 경?

첫 번째 신사 그렇지.

두 번째 신사 〔앤을 보며〕 하늘의 축복 받으소서!

　　　저리도 상냥하신 얼굴은 처음 보겠네.

　　　이봐, 내게 영혼이 있는 것 맞다면, 저분은 천사야.

　　　우리 국왕께서 인도 전체를 두 팔로 품으시는 게야,

　　　그 이상이지, 더 부유하지, 왕께서 저 여인을 껴안으시면.

　　　나라도 양심이 흔들리겠어.

첫 번째 신사 저분들

　　　마마 위로 덮개를 떠받든 분들은 4인 남작이야

　　　5개 항구를 대표하는.

두 번째 신사 행복들 하시겠구먼,

그녀 곁의 모든 사람들도 그렇고.

　　　내 생각에 치마 끝자락을 쳐든 저분이

　　　고결한 노부인, 노포크 공작부인 아닐까 싶은데.

첫 번째 신사　맞아. 나머지는 모두 백작부인들이고.

두 번째 신사　관을 보니 그렇네. 정말 별들이야―

첫 번째 신사　종종 떨어지는 별들이고.

두 번째 신사　그 얘기는 그만.

　　　　　　행렬 마지막 퇴장, 그런 다음 안에서 화려한 나팔 팡파르.
　　　　　　세 번째 신사 땀을 뻘뻘 흘리며 등장

첫 번째 신사　맙소사, 자네. 어디 있었길래 그리 열 받은 게야?

세 번째 신사　대성당 군중들 속에, 손가락 하나

　　　더 쐐기 박을 틈이 없더군. 질식할 뻔했다구,

　　　그들 환호가 내뿜은 악취만으로도.

두 번째 신사　대관식을 보았다구?

세 번째 신사　그럼.

첫 번째 신사　어떻던가?

세 번째 신사　아주 볼만했지.

두 번째 신사　이보게, 우리한테 상세히 좀 묘사해 줘.

세 번째 신사　가능한 한. 으리으리한 물결의

　　　대신과 귀부인들이, 왕비를 모셔 가

　　　성가대석 준비된 자리에 앉혀 드리고는, 물러났어

　　　한참을, 그러는 동안 왕비께서는 앉아서

　　　얼마 동안 쉬셨지―한 반 시간가량―

　　　화려한 상석에서, 보여 주셨어 관대하게,

그분의 자태를 백성들에게.

정말, 이보게들, 마마는 가장 아름다운 여인이셨네,

남자 옆에 누워 본 적이 있는. 그것을 백성들이,

통째로 보게 되자, 소음이 일었는데,

모진 폭풍우 만난 배 삭구 소리 같았어,

그만큼 시끄럽고 그만큼 음조가 다채로웠지. 모자, 외투가—

자켓도, 아마—날아올랐고, 사람들 목이

느슨했다면, 오늘 그 목을 날렸을걸. 이런 환호를

난 결코 본 적이 없네. 배가 태산만한 여자,

사나흘 후면 몸을 풀 여자가, 그 옛날 전쟁의

공성 망치처럼, 군중을 밀치고 뒤흔들고,

앞사람들 엎어지고 난리라. 살아 있는 어느 사내도

거기서 말을 못해요 '이게 내 마누라'라고, 온통 뒤죽박죽,

아주 기묘하게 한 덩어리를 이뤘으니 말이지.

두 번째 신사 그리고 그다음은?

세 번째 신사 마침내 마마께서 일어났고, 얌전히 걸어,

제단으로 가셨고, 거기서 무릎을 꿇으셨고, 성녀처럼

아름다운 두 눈 하늘 향해 쳐드셨고, 기도했지 경건하게,

그런 다음 다시 일어나, 몸을 굽히셨어 백성들에게,

그때 캔터베리 대주교가

올렸지, 왕비임을 나타내는 본질적인 권표 전부를,

성유, 참회왕 에드워드의 왕관,

평화의 직장과 새, 그리고 그녀 위에 고결하게 놓일

온갖 상징들을 말이지. 그 의식이 끝나자, 성가대가,

왕국에서 가려 뽑은 최고의 악사들 반주로,

함께 불렀네 〈테 데움〉 찬가를. 그렇게 대관식이 끝나고,

그분은 똑같이 온전한 의전을 받으며 다시 돌아가신 거지,

요크 플레이스로. 거기서 잔치가 벌어질 것이고.

첫 번째 신사 이보게,

이제 요크 플레이스라 하면 안 돼—한물간 이름 아닌가,

추기경이 추락한 이래, 그 명칭도 사라졌으니.

지금은 국왕 소유고, 화이트홀이라 부른다네.

세 번째 신사 알아,

하지만 바뀐 게 너무 최근이라 옛날 이름이

나한텐 더 생생해서.

두 번째 신사 존경할 만한 주교 두 사람은 누구야,

왕비 양쪽으로 걸어갔는데?

세 번째 신사 스토크슬리와 가디너지, 후자는 윈체스터 주교—

최근 국왕 비서에서 승진했지—

다른 이는 런던 주교고.

두 번째 신사 윈체스터 그분은

별로 좋아하지 않는다던데 대주교,

덕망 높은 크랜머를 말이지.

세 번째 신사 전 국민이 다 아는 사실이지.

하지만, 아직까지는 별 반목이 없었어. 반목이 생긴다면,

크랜머한테 믿음직한 원군이 있다구.

두 번째 신사 누군지 알려 주면 안 될까?

세 번째 신사 토머스 크롬웰,

국왕께서 크게 신임하는 사람이야, 정말

훌륭한 분이고. 국왕께서 그를 임명하셨지

보석관 관장으로,

이미 추밀원 위원이고.

두 번째 신사 앞으로 그 정도가 아닐걸.

세 번째 신사 맞아, 의심할 여지가 전혀 없지.

가세, 신사들, 날 따라오는 게 좋을걸,

난 궁중으로 가는데, 그리 가면 내 손님 대접을 해 주지.

내 끗발이 좀 통하거든. 그리 가면서

얘기도 좀 더 해 줄 테니까.

첫 번째 및 두 번째 신사 분부대로, 귀하.

모두 퇴장

4막 2장

킴볼튼, 캐서린 방

🎵

의자 세 개. 병중의 미망인 캐서린, 의정관 그리피스와 시녀 페이션스의 부축을 받으며 등장

그리피스 어떠십니까 마마?

캐서린 오 그리피스, 아파 죽겠군.

두 다리는, 열매 무거운 가지처럼, 땅 쪽으로 휘는군,

짐을 내려놓으려고. 의자를 다오.

〔의자 한 개를 가져오고, 그녀가 앉는다〕

그래 이제, 좀 편한 것 같구나.

내게 말하지 않았나, 그리피스, 자네가 날 데려오면서,

그 위대한 명예의 자식, 울시 추기경이

죽었다고?

그리피스 맞습니다, 마마, 하지만 전 마마께서

겪는 고통이 너무 크신지라, 흘려들으셨나 보다 했죠.

캐서린 부디, 착한 그리피스, 말해 다오, 그가 어떻게 죽었는지.

훌륭하게 죽었다면, 그가 먼저 내게 적절한

모범을 보여 준 셈이니.

그리피스 훌륭했다 들었습니다, 마마.

강건한 노섬벌랜드 백작이

요크에서 그를 체포하고, 압송을 하여,

중죄인으로, 심문을 하려던 중,

그가 덜컥 병에 걸렸고, 증세가 너무 심해

노새 타는 것도 불가능할 지경이 되었죠.

캐서린 아아, 불쌍한 사람.

그리피스 그러다가, 쉬운 길을 따라, 도착한 곳이 라이스터,

수도원에 묵었고, 존경할 만한 대수도원장이,

수도사 전원과 함께, 명예롭게 영접을 하자,

이렇게 말했답니다, '오 대수도원장 신부님,

국사의 폭풍우로 망가진 한 노인이

지친 뼈를 그대들 가운데 누이고자 왔으니

땅 한 뼘만 적선해 주시오.'

그러고는 침대에 누웠고, 그런 채로 위독한 상태가

계속되다가, 사흘 밤을 지내고,

여덟 시경, 그가 스스로 예언한 자신의

임종 시각에, 온통 회개와,

지속적인 명상, 눈물과, 슬픔이 가득하여,

그는 명예를 속세에, 축복받은 부분은

하늘에 되돌리고, 편히 잠들었다고 합니다.

캐서린 편히 쉬기를, 그의 잘못 너무 벌받지 않기를.

하지만 여기까지, 그리피스, 내가 그이 얘기를 해 주지,

그렇지만 자비심을 갖고. 그는 사내였어,

야심이 끝없는, 늘 어깨를 나란히 하려 했지,

군주들과. 위인이고말고, 은밀한 거래로

왕국에 족쇄를 채운. 성직 매매가 공정 거래였고

자신의 견해가 법이었느니라. 국왕 내실에서,

툭하면 거짓을 아뢨고, 식언을 밥 먹듯 했다,

말이든 뜻이든. 그는 결코,

파멸시키려 작정했을 때 말고는, 동정이 없었지.

약속은, 그가 당시 그랬듯, 거창했으나,

그 이행은, 지금 그가 그렇듯, 무였다.

자기 몸을 부도덕하게 굴렸으니, 몹쓸

선례를 보였구나, 성직자들한테.

그리피스 고결하신 마마,

사람의 악행은 놋쇠 패에 새겨지고, 그 선행은

물에 쓰인 것과 같다 하지요. 황공하오나

그의 좋은 점을 말씀드려도 되겠습니까?

캐서린 그러려무나, 착한 그리피스,

내 악의가 있는 건 아니니.

그리피스 이 추기경,

비록 비천한 혈통이나, 의심할 여지없이

숱한 명예를 안을 자질이 있었습니다. 요람에서부터

그는 학자였고, 그것도 무르익은 훌륭한 학자였지요,

너무나 현명하고, 말 잘하고, 설득력 있었어요,

거만하고 졸렬했지요, 자신을 좋아하지 않는 자들한테는,

하지만 친한 이들한테는 부드럽기 여름 같았어요.

그리고 재물을 긁어모으는 데 도무지 만족을 몰랐으나—

그건 죄악이었죠—베풂에 있어, 마마,

그는 군주도 그런 군주가 드물었습니다. 그 영원한 증거는

그가 마마 치세 때 세워 드린 학문의 쌍둥이 전당이죠—

입스위치와 옥스퍼드—그중 하나는 그와 함께 몰락했어요,
자신의 은인보다 더 오래 살아남기 싫다는 듯.
다른 하나는, 아직 미완성인데도, 벌써 너무나 유명하고,
너무도 학문이 뛰어나고, 계속 너무도 융성 중이니,
기독교권 전체가 늘 그의 미덕을 얘기하게 될 것입니다.
그의 몰락은 그 위에 행복을 쌓아 준 겁니다,
왜냐면 그때, 그리고 비로소, 그가 자신을 인식했고,
비천의 축복을 찾았거든요.
그리고 그의 나이에 더 큰 명예, 사람이 줄 수 없는
그것을 더하자면, 그는 하나님을 두려워하며 죽었습니다.

캐서린 내가 죽은 후 필요 없겠구나, 다른 어떤 기록자도,
　　　살아생전 내 행동을 대변하여
　　　내 명예를 썩지 않게 해 줄 다른 어떤 변사도,
　　　그리피스 같은 정직한 기록자면 족하리라.
　　　사는 동안 내가 너무나 증오했던 자를,
　　　너의 신앙 깊은 진실과 평형으로 만드니 말이다.
　　　이제 재가 되었으나 명예로운 인물로. 그분께 평화를.
　　　〔시녀에게〕 페이션스, 늘 곁을 지켜 다오, 의자 좀 낮춰 주고.
　　　오래 고생시키지 않을 게다. 착한 그리피스,
　　　악사들을 불러 연주하라 해 주게 그 슬픈 선율,
　　　내가 나의 조종으로 정한 그것을, 그동안 난 명상하겠다,
　　　내가 갈 천국의 화성을.

　　　슬프고 장엄한 음악.
　　　캐서린이 잠든다.

그리피스 〔시녀에게〕 잠이 드셨네. 착한 여인, 우리 조용히 앉으세,
    깨우면 안 되니까. 쉿, 부드러운 페이션스.

    그들이 앉는다.

    환영

    경건한 걸음으로 차례차례 흰옷 차림 여섯 인물이, 머리에 월계관
    쓰고, 얼굴을 황금가면으로 가리고 등장. 손에 월계수 혹은 종려
    나무 가지를 들고 있다. 그들이 우선 캐서린에게 절한 다음, 춤을
    춘다. 그리고, 춤 동작이 약간 변하면서, 처음 두 인물이 남은 화
    관을 그녀 위로 쳐들면 나머지 네 인물이 존경의 예를 표한다. 그
    런 다음 화관을 쳐들었던 두 인물이 그것을 다음 두 인물에게 넘
    기고, 이 둘은 앞서와 똑같이 춤 동작을 바꾸고 화환을 그녀 위로
    쳐든다. 그러고 나서는, 그들이 화환을 마지막 두 인물에게 건네
    고 그들도 똑같은 순서를 지킨다. 그러면, 영감을 받은 듯, 그녀가
    잠든 채로 기쁨의 내색을 보이고, 두 손을 하늘로 쳐든다. 그리고
    그렇게 춤을 추며 인물들, 화환을 들고 사라진다. 음악은 계속된
    다.

캐서린 〔깨어나며〕 평화의 정령들, 어디 있는가? 모두 사라졌는가,
    날 여기 비참 속에 버려두고?

    그리피스와 페이션스가 일어나 앞으로 나온다.

그리피스 마마, 저희 여기 있나이다.
캐서린 너희를 부른 게 아니다.
    내가 잠든 동안 들어온 사람 없느냐?

그리피스 없습니다, 마마.

캐서린 없어? 보지 못했단 말이냐, 방금 축복받은 일행이

　　　날 연회에 초대했는데, 그들의 찬란한 얼굴이

　　　내게 천 개의 광선을 쏘아 댔는데, 태양처럼?

　　　그들이 내게 약속했느라 영원한 행복을,

　　　그리고 갖다주었어 화관을, 그리피스, 그건 내 느낌에

　　　아직 내가 쓸 자격이 없는 거였지. 앞으로 있게 되겠지,

　　　분명.

그리피스 참으로 기쁘옵니다, 마마, 그런 좋은 꿈이

　　　마마의 상상에 들다니요.

캐서린 악사들을 그만 보내거라.

　　　거칠고 지루하게 들리느니.

　　　　　음악이 그친다.

페이션스 〔그리피스에게〕 보세요

　　　마마께서 엄청 달라지셨네요, 갑자기?

　　　얼굴이 아주 길어지셨잖아요? 안색이 아주 창백하고

　　　흙빛이잖아요? 보세요 저 눈?

그리피스 임종이오, 여인. 기도, 기도를.

페이션스 하늘이여 마마께 위안 주소서.

　　　　　사자 등장

사자 〔캐서린에게〕 황공하오나—

캐서린 건방진 자로다—

　　　내게는 더 이상 예를 표하지 못하겠단 말이냐?

그리피스 〔사자에게〕 당신 잘못이오,

　　　마마께서 평소 직위를 버릴 생각이 없다는 걸 알거늘,

　　　그토록 무례하다니. 어서, 무릎을 꿇으시오.

사자 〔무릎을 꿇으며〕 몸 굽혀 간청하나이다 마마의 용서를.

　　　서두르다 보니 예의를 잃었습니다. 기다리고 있습니다,

　　　왕께서 보낸 신사 한 분이 뵙기를 청하며.

캐서린 들이거라, 그리피스. 하지만 이자는

　　　내 다시 보지 않겠다.

　　　　　〔그리피스의 안내를 받으며 카푸티우스 경 등장〕

　　　내 눈이 틀리지 않았다면,

　　　그대는 분명 황제, 내 조카인 왕께서 보낸

　　　대사고, 이름은 카푸티우스겠구려.

카푸티우스 마마, 맞습니다. 〔절을 하며〕 마마의 신하올시다.

캐서린 오, 우리 경,

　　　시절과 직위가 이상하게 변하였소

　　　나로서는, 그대가 날 처음 안 이래. 그런데,

　　　내게 무슨 일로?

카푸티우스 고결하신 마마,

　　　우선 마마께 제 충성을 표해 드리고 다음은,

　　　왕의 분부가 계셨습니다, 제가 마마를 찾아뵙고,

　　　병환으로 이리 고통받으시니,

　　　국왕의 안부 인사를 전하여,

　　　정녕 마마께 크나큰 위로가 되었으면 좋겠다고요.

캐서린 오, 착한 우리 경, 그 위로는 너무 늦었소,

　　　처형 후 사면과 같구려.

130 헨리 8세

그 친절한 치료약은, 제때 주어졌다면, 날 고쳤을 것이오.

하지만 이제 이승에 나의 위로는 오로지 기도뿐이오.

폐하께선 괜찮으시오?

카푸티우스 마마, 아주 건강하십니다.

캐서린 늘 그러하시기를, 그리고 늘 번창하시기를

내가 구더기와 함께 살고, 내 초라한 이름이

왕국에서 쫓겨난 후에도. 〔시녀에게〕 페이션스, 그 편지

내가 쓰라 했는데 벌써 부쳤느냐?

페이션스 아직입니다. 마마.

캐서린 〔카푸티우스에게〕 경, 내 참으로 공손히 부탁하니 전해 주시

오,

이 편지를 우리 국왕께.

편지가 카푸티우스에게 전해진다.

카푸티우스 이를 말씀이니까, 마마.

캐서린 착하신 폐하께 부탁드리는 내용이오,

우리 순결한 사랑의 조각상, 그분의 사랑하는 딸을—

그 아이에게 하늘의 축복 이슬을 듬뿍 내려주소서—

그 아이를 미덕 있는 여인으로 키워 달라 간청했소,

그 애는 어리고, 성격이 고상하고 조신하오.

자격이 충분하리라 믿소—그리고 조금은

그 애에게 사랑을 베풀어 달라 했소, 에미를 봐서라도, 내가 그분을

얼마나 끔찍이 사랑했는지 하늘이 아시니까. 그다음 내 불

쌍한 간청은

고결하신 폐하께서 어느 정도 불쌍히 여겨 달라는 것이오,
내 가련한 시녀들을, 그들이 그리도 오랫동안
내 행운과 불운을 모두 충실하게 따랐으니 말이오.
그들은 하나같이, 내 감히 맹세커니와—
지금 내가 거짓말할 리 없잖소—자격이 있소,
영혼의 미덕과 진정한 아름다움으로 보나,
순결과 고상한 행동거지로 보나,
올곧고 착한 남편을 맞이할 자격이. 귀족 남편을 맞아 주시고,
분명 그녀들을 차지할 자 행복할 것이오.
마지막은 내 남자 하인들을 위해서요—아주 가난하지만,
가난은 결코 그들을 내게서 떼어놓을 수 없었소—
그들에게 지불해 달라는 거지요, 정기적인 급료와
날 기억하게 할 만한 그 무엇을.
하늘이 허락하사 내가 좀 더 오래 살고
재산이 충분했다면, 우리 이렇게 헤어지진 않았을 것이오.
이상이 내용 전부입니다. 그러니, 착하신 우리 경,
이 세상에서 당신께 가장 소중한 것을 걸고,
고인이 된 영혼에 기독교도 안식을 기원하시는 만큼,
이 불쌍한 사람들의 친구가 되어 왕께 간해 주세요,
내게 이 마지막 제의를 베풀어 주십사고.
카푸티우스 하늘을 걸고 그리하겠습니다,
아니면 사람 꼴이 아니겠지요.
캐서린 고맙소, 충직하신 경. 안부 전한다 하시오,
참으로 몸 낮추어 폐하께.

그분의 오랜 근심거리가 이제 사라진다 하시오,

이 세상 밖으로. 전하오, 임종 때도 그분을 축복했다고,

정말 그럴 것이니. 눈이 침침해지는군. 잘 가시오,

우리 경. 그리피스, 잘 있게.

〔시녀에게〕 아니, 페이션스,

아직은 날 떠나면 안 돼. 침대로 가야겠다.

시녀를 더 불러라. 내가 죽으면, 착한 애야,

명예롭게 다뤄 다오. 내 몸 위에

순결의 꽃을 뿌려 다오, 온 세상이 알 수 있도록,

내가 순결한 아내로 묻혔다는 것을 말이다. 향유를 발라 줘,

매장 준비를 해야지. 비록 폐서인 신세지만,

왕비답게, 왕의 딸답게 묻어 다오 나를.

더 이상은 말을 못하겠구나.

> 카푸티우스와 그리피스가 한쪽 문으로, 페이션스가 캐서린을 부
> 축하고 다른 쪽으로 퇴장

제5막

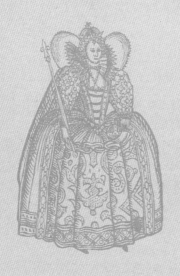

이 공주 아기씨는
비록 요람에 있지만, 그럼에도 지금 약속하십니다,
이 땅에 천 곱하기 천의 축복을,
시간이 지나야 무르익겠으나. 그녀는 필히
모범이 될 것입니다, 그녀의 동시대 모든 군주들과
그 뒤를 잇게 될 모든 이들에게.

5막 1장

런던, 궁정 복도

한쪽 문으로 윈체스터 주교 가디너, 횃불 든 시동을 앞세우고 등장

가디너 지금 한 시지, 애야, 아니냐?

시동 방금 쳤어요.

가디너 필요의 시간이지,

　　　기쁨의 시간 아니로다. 우리 몸을 편안한 휴식으로

　　　회복시킬 시간이지, 우리가

　　　허비할 시간이 아니란 말.

　　　〔다른 쪽 문으로 토머스 러벨이 등장, 그들을 만난다〕

　　　한밤중에 안녕하시오, 토머스 경!

　　　이리 늦게 어딜 가시오?

러벨 국왕을 뵙고 오시는 겁니까, 경?

가디너 그렇소, 카드 게임 중이실 거요,

　　　서포크 공작과.

러벨 저도 뵈어야 합니다,

　　　침수드시기 전에. 그럼 이만.

가디너 아니 잠깐, 토머스 러벨 경―무슨 일이오?

　　　서두르시는 것 같은데.

　　　크게 실례가 안 된다면, 친구인 나도 좀 압시다,

밤늦게 무슨 일인지 감이라도. 어떤 일은 걸어다니는 게,
유령이 그러고 다닌다는, 한밤중인 바,
더 심상치 않은 법이니, 대낮에
해결을 보려는 일보다 말이오.

러벨 주교님, 제가 주교님을 경애하는데,
이 정도야 대수겠습니까 알려 드려야죠, 주교님한테는
훨씬 더 중요한 비밀이라도. 왕비께서 산통 중이세요—
아주 난산이라고 합니다—걱정이래요
아기 낳고 돌아가시는 거나 아닌지.

가디너 그녀가 맺은 열매는
내 진심으로 기도하오, 그것이
행운을 찾고, 살기를. 하지만, 그 몸통에 대해서는, 토머스
경,
이제 그 뿌리가 뽑혔으면 하는 바람이오.

러벨 저도 그 말씀에
'아멘' 하고 싶은 생각이지만, 내 양심은 그러네요.
그분이 훌륭한 분이고, 상냥하신 마마라,
좀 더 나은 바람을 받을 만하시다고.

가디너 하지만 경, 경,
내 말 들어 봐요. 토머스 경, 당신은 신사요
나처럼 천주교를 믿는. 당신은 현명하고, 독실하지요.
그러니 내 말 들어요, 결코 잘되지 않을 거요—
잘 안 되고말고, 토머스 러벨 경, 내 장담하지—
크랜머, 크롬웰—그녀의 양손이랄까—그리고 그녀가,
무덤에서 잠들 때까지는.

러벨 저런, 주교님이 거론하는 둘은

왕국에서 제일 잘나가는 분이에요. 크롬웰로 말하자면,

보석관 관장직 말고도 문서 기록 보관소

소장에 국왕의 비섭니다. 그 이상이죠, 주교님,

더 승진할 틈과 길이 그에게 열려 있어요,

시간이 흐를수록 말이죠. 대주교는

왕의 손이자 혀인데, 누가 있겠습니까 감히

한 마디라도 그를 비난할 사람이?

가디너 있지, 있고말고, 토머스 경—

감히 말할 자 있고, 나 자신 과감하게

말했소, 그자에 대한 내 생각을, 그리고, 정말, 오늘,

경—당신한테는 말해도 되겠지—내가

발끈하게 했다오 추밀원 경들을, 그자는—

내가 그리 알고, 그들도 그걸 아니까—

참으로 대 이단자고, 역병이다,

나라 전체를 감염시킨다, 그랬더니 그들이, 욱해서는,

국왕께 고자질을 하였는데, 왕께서는 어느 정도

내 고소에 귀를 기울이시고, 크나큰 은총과

군주다운 염려로, 선견지명으로 그 치명적인 불행,

나의 이성이 상주한 그것을 짐작하신지라, 명하시었소

내일 아침 회의에

그자를 소환하라고. 그자는 썩은 잡초요, 토머스 경,

그러니 우리는 뿌리째 뽑아야 하고. 당신 일을

내가 너무 지체시켰구려. 잘 가시오, 토머스 경.

러벨 안녕히 주무십시오, 주교님. 전 언제나 주교님 사람입니다.

가디너와 시동이 한쪽 문으로 퇴장
헨리 왕과 서포크가 다른 쪽 문으로 등장

헨리 왕 〔서포크에게〕 찰스, 오늘은 그만하지.
　　　기분이 안 내키는군. 당신이 너무 잘하니.
서포크 폐하, 전에는 폐하를 이긴 적이 한 번도 없었는데요.
헨리 왕 거의 없었지, 찰스,
　　　앞으로도 그럴 것이고, 내가 집중만 한다면.
　　　그래, 러벨, 왕비로부터 무슨 전갈이냐?
러벨 직접 전달하지는 못했습니다. 왕비님께
　　　폐하의 명을, 어쩔 수 없이 시녀를 통해
　　　폐하의 말씀을 전해 드렸는데, 답은 참으로
　　　몸을 낮추신 감사와, 폐하께서 진심으로
　　　왕비님을 위해 기도해 주십사는 바람이었습니다.
헨리 왕 그게 무슨 소리냐? 하?
　　　그녀를 위해 기도? 뭐라, 왕비가 산통 중이란 말이냐?
러벨 시녀분께서 그리 말했고, 왕비님 산통이
　　　일 때마다 돌아가실 지경으로 심하다 하십니다.
헨리 왕 아아, 착한 여인이.
서포크 하나님 왕비가 몸을 무사히 풀게 하시고,
　　　산고를 줄여 주시고, 기쁘게 해 주소서
　　　폐하를, 후계자로.
헨리 왕 한밤중이오, 찰스.
　　　가서 주무시고, 기도 때 기억해 주시오
　　　내 불쌍한 왕비의 상태를. 혼자 있게 해 주시오,

         이제 내가 생각해야 할 일은 곁에 누가 있으면
         성가실 것 같으니.
서포크 폐하께
         평안한 잠을 기원하고, 착하신 제 여주인을
         기억하겠나이다, 제 기도 때.
헨리 왕 찰스, 잘 자요.
              〔서포크 퇴장

              앤서니 데니 경 등장〕

         그래, 경, 어떻게 됐소?
데니 폐하, 대주교님을 모셔왔습니다
         폐하께서 명하신 대로요.
헨리 왕 하, 캔터베리?
데니 예, 훌륭하신 폐하.
헨리 왕 그렇군—그는 어디 있나, 데니?
데니 대령 중입니다.
헨리 왕 짐에게 데려오라.

              데니 퇴장

러벨 〔방백〕 주교가 말한 그 일이군.
         여기 있길 다행이다.

              크랜머 대주교가 데니의 안내를 받아 등장

헨리 왕 〔러벨과 데니에게〕 물러들 가거라.
              〔데니가 물러가려 한다. 러벨은 머뭇댄다〕
         하? 물러가라고 했다.

뭐하는 게냐?

크랜머 〔방백〕 무섭군. 왜 저리 눈살을 찌푸리시지?

공포를 부르는 안색이신데. 큰 사단이 난 게야.

헨리 왕 어떠시오, 대주교? 참으로 궁금하실 게요

내가 경을 부른 이유가.

크랜머 〔무릎을 꿇으며〕 신하로서 제 의무입니다,

대령하는 것이.

헨리 왕 자자, 일어나세요,

착하고 자애로운 우리 캔터베리 경.

갑시다, 경과 내가 함께 한 바퀴 돌아야겠소.

전할 소식이 있어요. 자, 갑시다—손을 내게 주시오.

〔크랜머가 몸을 일으킨다. 둘이 걷는다〕

아, 착하신 우리 경, 이 말을 하자니 마음이 아프고,

유감이오, 다음을 반복하자니.

내가, 그것도 정말 마지못하여, 최근

들었소 숱한 심각한—다시 말하지만, 경,

심각한—불만을 당신에 대해, 그것을 고려하여,

짐과 짐의 위원회는 당신을

오늘 아침 짐 앞으로 소환키로 하였고, 그런데 그 자리에서

당신은 쉽게 무죄를 증명치 못할 것이지만,

그 혐의로 다음 재판 심문이 열릴 때까지는, 부디 당신이

참아 달라는 것이오, 못마땅해 마시고,

짐의 런던탑을 당신 집으로 하더라도. 당신은 짐의 동료 위

원이오,

  그 절차가 맞아요. 그렇지 않으면 아무 증인도

  나서서 당신을 고발 안 할 테니까.

크랜머 〔무릎을 꿇으며〕 몸 낮추어 감사드립니다 폐하께,

  그리고 정말 기쁘옵니다, 참으로 철저하게 키질 당할

  이 좋은 기회를 잡아, 제 왕겨를

  알갱이에서 떨쳐 내게 되었으니. 제가 알기로

  없으니까요, 중상모략을

  저보다, 불쌍한 이 몸보다 더 많이 받는 사람은.

헨리 왕 일어나시오, 착하신 캔터베리.

  경의 정직과 성심은 뿌리를 내렸소

  짐, 경의 친구에게. 손을 주시오. 일어나요.

  자, 걸읍시다.

    〔크랜머가 몸을 일으킨다. 그들이 걷는다〕

  근데, 도대체,

  경은 어찌된 사람이오? 경, 난 예상했어요.

  경이 내게 청원을 넣어

  수고스럽지만 한데 모아 달라,

  경과 경을 고발한 자들을, 그리고 경의 말을 들어 달라,

  투옥은 면케 해 달라 할 줄로 말이오.

크랜머 너무나 경외로우신 주군,

  진심과 정직이야말로 저의 밑천입니다.

  그것이 무너진다면, 저의 적들과 함께

  제 육신을 공격할 것입니다, 아무것도 아니니까요,

  그 미덕들이 없는 상태라면. 전 전혀 두렵지 않아요.

나를 뭐라고 비난하든.

헨리 왕 모르시는 게요,

경의 처지가 어떤지, 이 세상, 이 온 세상에서?

경의 적들은 숱하고, 강하지요. 그들의 수법 또한

같은 비중이고, 한 번도 없지요,

명분의 정의와 진실이 판결의 이슬을

그냥 따낸 적은. 얼마나 손쉽게

마련하겠습니까, 썩은 마음이 똑같이 썩은 악당을

경의 고발자로? 이런 일이 저질러졌어요.

경은 강력한 반대에 부딪친 상태고, 그 악의는

규모가 대단하지요. 경은 운이 더 좋을 거라는 생각이오,

내 말은 위증에서, 경의 주인,

경이 대리자인 그분보다, 그분이 이곳

이 사악한 대지에 사셨을 때보다? 철없는, 철부지 생각.

경은 낭떠러지를 보고도 떨어질 위험을 모르고,

경 자신의 파멸을 구하고 있소.

크랜머 하나님과 폐하께서

제 무고함을 지켜 주소서, 아니면 저는 걸리는 거죠,

저를 잡으려 쳐 놓은 덫에.

헨리 왕 기운을 내시오,

그들은 짐이 허락하는 선에서만 경을 윽박지를 터.

안심하오, 그리고 오늘 아침

그들 앞에 나타나도록 하오. 그들이 설사 어찌어찌,

경의 혐의를 캐다가, 경을 투옥하려 하거든,

최선의 반대 주장을

반드시 펼치시오. 그것도 격렬하게
기회가 닿는 대로. 변론도
아무 소용이 없으면, 〔그에게 반지를 주며〕 이 반지를
그들에게 전하고, 짐에게 직접 호소하겠노라고
그들 앞에서 선언하는 거요.

　　　〔크랜머가 운다〕

봐, 저 착한 사람이 울고 있다.
정직한 사람이야, 내 명예를 걸고. 성모 마리아를 걸고,
맹세컨대 그는 진심이고, 내 왕국에서
가장 훌륭한 영혼이지. 가 보시오,
그리고 내 말대로 해야 합니다.

　　　〔크랜머 퇴장〕

목이 메어
말을 못하는군, 우느라.

　　　노부인 등장

러벨 〔안에서〕 돌아와요! 무슨 짓이오?

　　　러벨이 그녀를 따라 등장

노부인　안 돌아가요. 내가 가져온 소식 들으시면
　　　무례가 예의지. 〔왕에게〕 지금 착한 천사들이
　　　폐하 머리 위를 날고, 폐하 옥체를
　　　그들의 축복받은 날개로 가려 주나이다.
헨리 왕　네 표정을 보니
　　　전할 말을 알겠노라. 왕비께서 몸을 푸셨느냐?

말하라, '그렇습니다, 사내아입니다'라고.

노부인 그렇습니다, 그렇습니다, 폐하,

예쁜 사내고요. 하늘의 하나님께서

지금 그리고 내내 왕비께 축복 내리시기를! 딸입니다,

앞으로 사내들을 기약하는. 폐하, 왕비께서

고대하십니다, 폐하의 왕림을. 와서,

첫 만남을 가져 주시기를. 폐하를 빼닮았어요

앵두가 앵두를 닮듯.

헨리 왕 러벨—

러벨 폐하?

헨리 왕 이 부인한테 백 마르크를 주거라. 난 왕비한테 가 보겠다.

　　　〔퇴장〕

노부인 백 마르크? 맹세코, 더 받아야지.

일개 마부나 받을 액수 아닌가.

더 받아야지, 쨍쨍거려서라도 받아 내야 해.

이걸 받으려고 딸이 아빠 닮았다고 했나? 더

받아야지, 아니면, 그 말 취소하던가, 그것도 당장, 쇠뿔도

단김에 빼야 하니까.

　　　모두 퇴장

5막 2장
궁정 위원회 회의실과 대기실

문장원 관리, 시동들, 급사들, 그리고 마부들 등장. 그런 다음 캔
터베리 대주교 크랜머 등장

크랜머 너무 늦은 건 아니겠지, 그렇지만 그 신사

위원회에서 보내 왔다며 부탁했는데

정말 서두르라고 말이지. 전원 입장? 이게 무슨 일이지? (문
에 대고 부르며) 호!

거기 누가 대기 중인가?

(문지기 등장)

내가 누군지 알렷다?

문지기 알지요, 나리.

하지만 도와드릴 수가 없겠네요.

크랜머 왜?

버츠 어의가 등장하여 무대를 지나는 중이다.

문지기 대주교께서는 부를 때까지 기다리시랍니다.

크랜머 그렇군.

버츠 (방백) 이건 악의적일세. 기쁘군,

운 좋게 이 길로 온 것이. 왕께서

즉시 아셔야 할 일. 〔퇴장〕

크랜머 〔방백〕 버츠 아닌가,

어의. 지나가면서

어찌나 뚫어져라 날 쳐다보던지!

내 이 꼴을 떠벌이지 않았으면 좋으련만. 분명

이건 날 미워하는 자들이 의도적으로—

하나님 그들 마음을 돌리소서, 저 그들 원한 산 일 없으니—

날 망신 주려는 것일 텐데. 창피스럽게도

문에서 기다리라는 거지, 나, 동료 위원을,

급사들, 마부들, 그리고 종복들과 한 묶음으로. 하지만 그들

뜻대로 할 밖에 없지, 난 참고 대령할 밖에 없고.

헨리 왕과 버츠 어의 위 창문에 등장

버츠 제가 폐하께 희한한 구경거리 하나 보여 드리지요—

헨리 왕 뭔가, 버츠?

버츠 폐하께서는 실로 오랜만에 이 광경을 보실 겁니다.

헨리 왕 대관절, 어디 말이오?

버츠 〔아래, 크랜머를 가리키며〕 저기요, 폐하.

캔터베리 대주교께서 크게 승진하셨네요,

위엄 있게 문에서 기다리고 계시니, 문장원 관리들,

시동들, 그리고 사환들 사이에서.

헨리 왕 하? 정말 대주교로다.

이것이 그들이 서로를 대하는 명예란 말인가?

그들 위에 상석 하나 더 있는 게 다행이로구나. 난 설마

그들이 서로 공유한 성심으로 보아—

최소한 훌륭한 예의만큼은—이 정도로 괴롭히랴 했건만,
그 정도 직위에다 짐의 총애까지 받는 사람을
자기들 멋대로 대령시키다니,
그것도 문에다, 또한, 우편물 꾸러미를 든 시중처럼!
참으로, 버츠, 고약한 자들이로다!
두고 보자꾸나, 커튼을 닫고.
좀 더 들어 보리라.

> 크랜머와 문지기가 한쪽으로 물러선다.
> 종복들 퇴장.
> 위에서 버츠가 커튼을 일부 닫는다. 아래, 회의용 탁자가 의자 및
> 발판과 함께 들여져, 상석 닫집 덮개 아래 배치된다. 대법관이 등
> 장, 탁자 위쪽 끝, 왼편에 자리하고, 탁자 상석을 마치 캔터베리
> 자리인 양 비어 놓는다. 서포크 공작, 노포크 공작, 서리 백작, 궁
> 내장관, 윈체스터 주교 가디너가 탁자 양쪽에 순서대로 앉는다.
> 크롬웰이, 서기 역으로, 아래쪽 끝에 앉는다.

대법관 〔크롬웰에게〕 사안을 말하시오, 서기 선생.

　　　오늘 위원회는 무엇 때문이오?

크롬웰 예 재판관님,

　　　주요 안건은 캔터베리 대주교에 관해서입니다.

가디너 그분께 알려 드렸나?

크롬웰 예.

노포크 〔문지기에게〕 저기 누가 대기 중인가?

문지기 〔앞으로 나오며〕 바깥에 말입니까, 대신님들?

가디너 그렇다.

문지기 대주교님이십니다.

반 시간 동안, 기다리셨죠 부르시기를.

대법관 들어오시게 하라.

문지기 [크랜머에게] 이제 들어가셔도 됩니다.

크랜머가 회의 탁자로 다가간다.

대법관 훌륭하신 우리 대주교, 매우 유감이오
　　　이 순간 이 자리에 앉아 보게 되다니,
　　　저 의자가 빈 것을 말이오. 하지만 우리 모두는
　　　본성이 나약한 인간이고, 육체의
　　　유혹에 빠지기 쉬운 법, 천사는 몇 안 되지. 그 연약함과
　　　지혜의 결핍으로, 그대는, 최선을 가르쳐 줘야 하건만,
　　　비행을 저질렀소, 그것도 작지 않게,
　　　우선 국왕께, 그리고 국왕의 법에, 그대는 채웠소,
　　　왕국 전체를, 그대의 설교와 예배 목사들을 통해―
　　　그렇게 알고 있소―새로운 견해로,
　　　잡다하고 위험한 그 견해는 이단이고,
　　　개선되지 않으면, 치명적으로 드러날 것이오.

가디너 그 개선이 또한 시급하게 이뤄져야 한다는 겁니다,
　　　고결하신 우리 경들, 왜냐면 야생마를 길들이려면
　　　손만 갖고 말들의 걸음을 부드럽게 하는 게 아니라
　　　그 입에 완강한 재갈을 물리고 박차를 가해야 비로소
　　　말들이 훈련에 따를 것 아니겠습니까. 그냥 두고 본다면,
　　　한 사람의 명예를 봐주려는
　　　유치한 인정으로 그리한다면, 이 전염병은,
　　　백약이 무효입니다―그리고 그다음은?

소요, 법석—온통 휩쓸리게 되지요

나라 전체가, 보셨잖습니까 최근 우리 이웃,

북독일을, 비싼 사례였지요,

그 일을 불쌍히 여겼던 게 아직 기억에 선하고요.

크랜머 　훌륭하신 경들, 이제까지 전 과정,

생과 직무 양쪽의 그것에서, 나는 애썼소,

그것도 적지 않은 노력으로, 내 설교와

내 강력한 권위의 행사가

한길을 가도록, 그것도 안전하게 말이오. 목표는

언제나 잘하자는 거였고요. 또한 살아 있는 자—

난 순수한 마음으로 이 말을 하오, 경들—

그 누구도 혐오하고, 적극적으로 물리치지 못하오,

개인적 양심에 있어서나 공무 수행에 있어서나,

공공 안녕 파괴자를 나보다 더는.

하늘에 기도하시오 국왕께서 결코 찾아내지 못하시도록,

충성이 덜한 가슴을 말이오. 시기와

비뚤어진 양심을 먹여 키우는 자들이

최선의 인간을 마구 물어뜯는 법. 내 경들께 간청이니,

이 공정한 재판에, 내 고발자들,

그들이 누구건, 나서서 나와 대질,

자유롭게 날 고소케 해 주시오.

서포크 　안 되죠, 경,

그럴 수 없소. 그대는 추밀원 위원이고,

그런고로 누구도 감히 당신을 고소 못하오.

가디너 〔크랜머에게〕 경, 우린 더 중요한 안건이 있는지라.

짧게 다루겠소 당신 건은. 폐하의 뜻이고
우리가 동의한 바는, 보다 나은 재판을 위해,
이 자리에서 당신을 탑으로 압송하는 것이고
거기서, 다시 개인 신분으로 돌아갔으므로,
당신은 숱한 당돌한 당신의 고발자들을 알게 될 터인데,
아무래도, 당신 예상보다 더 많을 것 같구려.

크랜머 아, 착하신 우리 윈체스터 경, 고맙소.
당신은 늘 나의 훌륭한 친구였지요. 당신 안이 가결되면,
귀하는 나의 판사이자 배심원이 되시는구려,
거참 자비로우시오. 난 당신의 목표를 아오—
나를 파멸시키는 것이지. 사랑과 온유가, 경,
성직자에게 어울리는 거요. 야심보다 더 잘.
방황하는 영혼을 겸손으로 다시 맞으시오,
내팽개치지 말고. 내가 내 결백을 입증하리라는 것은,
그대들이 온갖 무게로 내 인내를 짓누른단들,
의심할 여지가 없소, 당신의 양심이
나날이 죄를 짓는 것만큼이나. 할 말이 더 있지만,
당신 직책을 봐서 참겠소.

가디너 이봐요, 대주교—당신은 프로테스탄트파요,
그건 명백한 사실이오. 당신의 허울 좋은 말, 당신을
꿰뚫어보는 자한테, 들킬 밖에 없지, 그 허언과 허약을.

크롬웰 〔가디너한테〕 윈체스터 경, 경의 말씀은 좀,
죄송하지만, 너무 심하시네요. 아주 고결한 사람은,
비록 잘못을 했더라도, 존경받아야 마땅합니다
그전의 그로서. 잔혹하지요,

쓰러지는 사람한테 짐을 더 지우는 것은.

가디너 착하신 서기 선생,

　　　내 용서를 빌겠소. 당신은 가장 적절치 않은 사람이오,

　　　이 자리에서 그런 말 하기에.

크롬웰 왜죠, 경?

가디너 내가 모를 줄 아오, 당신이 이 새 종파의

　　　추종자라는 걸? 당신은 진실되지 않아.

크롬웰 진실되지 않다?

가디너 진실되지 않다고 말했소.

크롬웰 당신이 내 반만 진실되어 보시오!

　　　그럼 사람들 기도가 당신을 찾을 거요, 두려워서가 아니라.

가디너 내 반드시 기억할 것이다, 이 외람된 말을.

크롬웰 그러시구려.

　　　기억하시오 당신의 당돌한 삶, 또한.

대법관 너무 지나치시오.

　　　그만하시오, 부끄러운 줄 알고, 경들.

가디너 난 그만두었소.

크롬웰 나도.

대법관 〔크랜머에게〕 그럼 이리하겠소, 대주교. 합의된 상탭니다,

　　　내가 보기에, 만장일치로, 즉시

　　　그대를 탑으로 압송하여 가두고,

　　　거기 머물게 하겠소, 국왕께서 하회를

　　　우리한테 전하실 때까지. 모두 찬성하십니까, 경들?

위원회 전원 합의합니다.

크랜머 다른 자비로운 방법이 없겠소,

정녕 내가 탑으로 가야 하는 거요, 경들?

가디너 다른 뭘

기대하는가? 당신 퍽이나 골치 아픈 사람이군.

거기 호송병 몇 명 준비시켜라.

호송병 등장

크랜머 날 데리러?

내가 반역자처럼 그리 가야 하오?

가디너 〔호송병에게〕저분 신병을 인수하고,

탑까지 안전하게 모셔라.

크랜머 잠깐, 착하신 경들.

내 할 말이 조금 더 있소. 이걸 보시오, 경들—

〔그가 왕의 반지를 보여 준다〕

이 반지의 효능으로 나는 내 사건을

잔학한 자들의 손아귀에서 빼내어, 맡기겠소

너무나 고결한 심판관, 내 주인이신 국왕께.

궁내장관 이건 국왕의 반지요.

서리 가짜가 아니야.

서포크 진짜 반지요, 맹세코. 내 모두에게 이르지 않았소,

우리가 처음 이 위험한 돌을 굴릴 때에

우리 머리에 떨어질 수도 있다고 말이오.

노포크 생각하시오, 경들,

왕께서 용납하실 거라고, 이 사람의

새끼손가락 하나 건드리는 걸?

궁내장관 그건 이제 너무도 분명하오.

하물며 그의 목숨이야 말할 것도 없지!

내가 이 계획에 끼는 것이 아니었는데.

위에서 왕이 버츠와 함께 퇴장

크롬웰 어째 께름칙하더라니까,

풍문과 정보를 수집하여

이분을 고발한다는 게, 그 정직은,

악마와 그 사도들이나 시샘할 그런 분을.

너희가 일으키는 불이 너희를 태우나니. 이제 조심하라!

아래로 헨리 왕이 그들에게 눈살을 찌푸리며 등장. 그가 자리에 앉는다.

가디너 경외로우신 주군, 우리는 얼마나 많은 감사를 하늘에

매일매일 드려야 할지요, 우리에게 이런 군주를 주셨으니,

착하고 현명하실 뿐 아니라, 신앙도 깊으신 군주 말입니다.

폐하께서는 오로지 순종하는 마음으로 교회를

명예의 주요 목표로 삼고, 그 거룩한 의무를

강화하고자, 성실한 경건의 발로로,

몸소 옥체를 납시어 방청해 주시군요,

교회와 이 엄청난 범법자 사이 재판을 말입니다.

헨리 왕 그대는 늘 능했지, 즉흥적인 아첨에,

윈체스터 주교. 하지만 알라, 내가 온 것은

지금 그런 아첨을 들으려는 게 아니고, 내 안전에서

그것은 너무 얄팍하고 비열하여 잘못을 숨기지 못하리라.

어림도 없다. 그대는 스패니얼,

꼬리치듯 혀를 놀려 내 맘 사로잡으려 하지.

하지만 그대가 날 뭘로 보건, 난 확신하노라,

그대 성질 잔혹하고 피에 굶주렸다는 것.

〔크랜머에게〕 착하신 분, 앉으시오.

　　　　〔크랜머가 위원회 탁자 상석 자기 자리에 앉는다〕

이제 두고 봅시다 누가 얼마나 방자하기에,

얼마나 당돌하기에, 당신한테 손가락질 따위 해 댈지.

거룩한 모든 것을 걸고, 그자는 죽는 게 차라리 나으리라,

그대가 그 자리에 어울리지 않는다 한 번이라도 생각하느

니.

서리 폐하 괜찮으시다면—

헨리 왕 아니, 경, 괜찮지가 않소!

난 생각했소, 어느 정도 이해력과 지혜를 갖춘

내 신하들이 추밀원에 있다고. 하지만 한 명도 없구려.

그게 할 짓이요, 경들, 이 사람,

이 훌륭한 사람—그대들 중 그런 사람 몇 안 되지—

이 충직한 사람을 이투성이 사환처럼 회의실 문 밖에서

기다리게 하다니? 그대들 못지않게 직위가 높은데도?

아니, 이게 무슨 부끄러운 짓이오? 나의 위임이

그 정도로 자신을 망각하라는 거였소? 내가 넘겨준

권력은 추밀원 위원으로서 그를 재판하라는 거였소,

마부로서가 아니라. 그대들 중 몇몇은, 내가 알지,

성심은커녕 앙심을 갖고,

재판을 통해 그를 극형에 처하고 싶어 하오, 수단만 있다면.

하지만 그대들은 결코 수단을 갖지 못할 것, 내 생전에는.

대법관 이런 말씀을 올려,

　　너무나 경외로우신 주군, 황공하오나

　　제가 모두를 대신하여 용서를 구하고자 합니다. 의도는

　　그를 투옥하여 뭐랄까—

　　사람들이 믿어 준다면—그분의 재판과

　　공정한 무죄 증명을 만천하에 공개한다는 거였습니다, 앙심

이 아니라,

　　확신합니다, 저로서는.

헨리 왕 됐소, 됐다구, 경들—존경하시오 그를.

　　그를 받아들이고 대접을 잘해요, 그럴 만한 분이오.

　　난 이렇게까지 말하겠소—군주가

　　신하한테 고마워할 수 있다면, 바로 내가

　　그렇소, 그의 사랑과 충성에 대해.

　　더 이상 소동 벌이지 말고, 모두 그를 포옹하시오.

　　친구가 되세요, 창피한 줄 알고, 경들. 〔크랜머에게〕 우리 캔

터베리 경,

　　내가 청이 있는데 거절하시면 안 됩니다.

　　아름다운 여자애가 아직 세례를 받기 전이오—

　　당신이 대부가 되어, 그녀 대신 답해 주셔야겠소.

크랜머 지금 생존하신 가장 위대한 군주라도 영광으로 삼을

　　명예이온데, 어찌 제가 그 자격이 되리오리까,

　　폐하의 초라하고 비천한 신하인 제가?

헨리 왕 자, 자, 우리 경—세례 선물로 숟갈 내놓으라 안 할 테니까.

　　귀부인 두 분이 대모 노릇을 하게 될 것이오—노포크 노공

작부인과 도싯 후작부인. 괜찮으시겠소?

〔가디너에게〕 다시 한 번, 우리 윈체스터 경, 내가 명하노니 이
　사람을 포옹하고 사랑하시오.
가디너　진심으로
　또 형제애로 그리하나이다.

　　　　가디너와 크랜머가 서로 껴안는다.

크랜머　〔울면서〕 그리고 하늘이
　증언해 주소서, 내가 이 확인을 얼마나 소중히 여기는지.
헨리 왕　착하신 분, 그 기쁨의 눈물이 그대 진심을 보여 주는구려.
　알겠소, 당신에 대한 세상의 평이
　사실임을, '우리 캔터베리 경은
　자기에게 앙심을 품어도, 영원한 친구로 대해 준다'더니.
　갑시다, 경들, 빈둥거릴 게 아니라. 어서
　그 어린 것을 기독교인으로 만들어야지.
　내 그대들을 하나로 만들었으니, 경들, 하나로 머무시오―
　하여 내 힘은 더 강해지고, 그대들 더 많은 명예 얻으리니.

　　　　모두 퇴장

5막 3장
궁정 마당

안에서 소음과 소동. 골풀 줄기를 든 수문장과, 부서진 몽둥이를
든 그의 부하 등장

수문장 〔안에 있는 사람들에게〕 당장 주둥이를 닥치게 해 주마, 이놈
들.

네놈들은 뭘로 아는 거냐

궁정을, 여기가 곰놀이 공원이야, 이 막돼먹은 것들?

고함치고 지랄이라니.

한 사람 〔안에서〕 수문장 나리, 전 찬방 소속인데요.

수문장 교수대 소속이니, 목이나 매거라, 이 악당!

예가 어디라고 고함을 질러?

〔부하에게〕 돌능금나무 막대 열두 개만 가져와, 튼튼한 걸로,

〔골풀 줄기를 쳐들며〕 이건 회초리 밖에 안 되잖나.

〔안에 있는 사람들에게〕 대갈통을 박살내 줄 테다.

세례식을 봐야겠다고? 줄 것 같으냐,

맥주와 과자를 이 자리에서, 이 막돼먹은 놈들?

부하 부디, 나리, 진정하세요. 도저히 불가능합니다,

저들을 대포로 문에서 쓸어 버린다면 모를까,

저들을 흩어지게 하는 것은, 저들을 잠재우는 것만큼이나,

5월제 아침에 말이죠—그건 결코 있을 수 없는 일이잖아요.

저 사람들 밀쳐 봤자 성 바오로 성당 밀기죠.

수문장 어떻게 들어왔는지, 저것들이 죽으려고?

부하 아아, 모르죠. 알 수 없지요. 조수가 어떻게 밀어닥치죠?

4피트짜리 튼실한 몽둥이로 흠씬 두들길 수 있을 만큼—

〔그가 몽둥이를 쳐든다〕

이게 그 불쌍한 나머지죠—두들겨 팼어요,

한 놈도 사정 봐주지 않았다고요, 나리.

수문장 뭔 소용이 있어야, 이놈.

부하 난 삼손도 아니고, 가이 경도, 콜브랜드 경도 아니니,

사람들을 풀 베듯 베고 나갈 수는 없지요, 하지만 박살 낼 대갈통

하나라도 봐준 게 있다면, 노소 불문,

남녀 불문, 오쟁이 졌건 그리 만들었건 불문하고, 만일 있다면,

내 평생 쇠고기 한 점 구경 못해도 불만 없어요—

난 암소 포기 안 할 사람이고요. 오 그 맛!

한 사람 〔안에서〕 내 말 듣는 거요, 수문장 나리?

수문장 내 곧 갈 테니 기다려라,

착하신 강아지 나리. 〔부하에게〕 문을 열면 안 된다, 이놈.

부하 절더러 어찌하라구요?

수문장 어찌해야겠느냐, 저놈들을 타스로 때려눕힐 밖에? 예가 민병대 소집 훈련장이냐? 아니면 물건 큰 인도인들 궁정 전시라도 있다는 게야, 여자들이 저리 극성맞게 달려들게? 맙소사, 저 간통 지망생들 문에서 지지고 볶는 것 봐라! 내 기독

교도 양심을 걸고, 이 한 번의 세례식이 세례 받을 새끼 천을 깔 거다. 이 자리에 아버지도, 대부도, 몽땅 합친 것도 있겠지.

부하 세례용 스푼은 더 크겠지요, 나리. 대문 근처 한 친구는 낯짝이 놋쇠 화로가 분명해요. 정말 가장 뜨거운 여름 스무날이 코 속에 진을 치고 있으니, 그자 주변 사람들 모두 적도에 있는 꼴이에요—그런 형벌이 없지요. 그 불같은 용의 대갈통을 내가 세 번 갈겼죠, 그의 코가 세 번 내게 불을 뿜었고, 그자가 거기 대포처럼 서 있다구요, 우릴 날려 버리려고요. 대가리에 든 게 별로 없는 바늘장수 마누라가 그 옆에 있다, 내게 마구 욕을 퍼부었어요. 급기야 구멍 낸 핑크색 모자가 머리에서 벗겨질 때까지, 왜 가만있는 사람 국가지대사로 폭발시키냐면서 말예요. 한번은, 몽둥이가 그 별똥별을 빗나가 그 여자를 때리게 되었는데, 그 여자가 '몽둥이들!' 하고 외치니까, 먼데서부터 곤봉 든 사내들이 한 사십 명 그녀를 돕겠다고 몰려왔지요. 스트랜드 쇼핑가의 희망단 있잖아요, 그녀는 거기 살았고, 그들이 돌격해 왔어요. 난 유리한 위치를 잡았죠. 마침내 그들이 닥쳐왔어요, 빗자루 손잡이 정도 거리로. 계속 그들을 맞받아치는데, 갑자기 그들 뒤 소년들 대오가, 별동대 사수인 양, 돌맹이를 소낙비 오듯 던져 대는 거라, 어쩔 수 없이 내 명예의 꼬리를 내리고 그들에게 요새를 내줄 밖에요. 악마가 그놈들 한가운데 있는 게 분명해요, 내 생각으로는.

수문장 도제놈들이군, 극장을 난장판 만들고, 먹다 버린 사과 조각에 사생결단이라, 관객이 런던탑 처형장 구경꾼이거나, 그 소중한 형제인 부두 근처 라임하우스 건달이라면 모를까 도

저히 배겨날 수가 없는. 그놈들 몇은 내 감옥에 처박았어, 거
기서 사흘 동안 공개적으로 쫓기게 맞느라 신나게 춤을 출 테
고, 게다가 후식으로 간수 두 명도 있겠고.

궁내장관 등장

궁내장관 이를 어쩐다, 이렇게 많이 몰려오다니!
　　　게다가 갈수록 불어나잖나―사방에서 몰려오는군,
　　　장터가 선 것처럼! 문지기들은 어딨지,
　　　이 게으른 작자들? 〔수문장과 부하에게〕 아주 잘했구나, 이자
들아!
　　　우아한 어중이떠중이들을 들였어―이것들이 모두
　　　무법천지 성 밖의 진실한 네 친구들이더냐? 필히
　　　길을 훤히 뚫어 놓으렸다, 분명, 귀부인들이
　　　세례식을 마치고 돌아가실 즈음이면!
수문장 죄송하오나, 장관님,
　　　우린 사람일 뿐이고, 이 숫자로 할 수 있는 일은,
　　　갈가리 찢기지 않았다 뿐이지, 다 했거든요.
　　　군대가 와도 어쩔 수가 없어요.
궁내장관 결단코,
　　　국왕께서 이 일로 날 꾸짖으시면, 내가 네놈들 모두
　　　차꼬를 채울 테다, 그것도 당장―그리고 네놈들한테
　　　무거운 벌금을 물릴 것이야, 태만 죄로. 게으른 놈들 아닌
가,
　　　여기서 퍼져 술추렴이나 하다니.
　　　엄연한 근무 시간에.

〔안에서 나팔 팡파르〕

이런, 나팔 소리다.

그분들이, 벌써, 세례식에서 돌아오셨군.

군중을 흩뜨리고, 길을 내,

일행이 적당히 지나갈 수 있게끔, 아니면 내 네놈들을

마샬시 감옥에 처넣어 두 달 동안 썩게 할 테니.

그들이 무대를 떠나고, 수문장과 그 부하가 안에서 고함친다.

수문장 거기 길을 내라 공주님께!

부하 너 뚱보,

옆으로 비켜서, 아니면 대갈통을 뽀개 버린다.

수문장 너 방수포, 난간에서 내려와,

아니면 아예 던져 버리는 수가 있어.

모두 퇴장

5막 4장

궁정

나팔수들, 나팔을 불며 등장. 그다음 두 시의원, 런던 시장, 가터 문장관, 캔터베리 대주교 크랜머, 육군 원수 직장을 든 노포크 공작, 서포크 공작, 세례식 선물인 받침 달린 큰 그릇을 든 두 귀족 등장, 그런 다음 닫집 덮개를 떠받든 네 귀족 등장, 그 아래 노포크 공작부인, 대모가, 화려한 망토로 싼 아이 엘리자베스를 안았고, 늘어진 치맛자락을 한 귀부인이 받쳐들었다. 그다음, 도싯 후작부인, 또 다른 대모와 귀부인들 등장. 일행이 무대를 한 바퀴 돈 후 가터 문장관이 말한다.

가터   하늘이여, 당신의 무한한 선으로 보내 주소서, 순조로운, 장
　　　수하고, 늘 행복한 삶을, 잉글랜드의 드높고 강력하신 공주,
　　　엘리자베스에게!

　　　　　화려한 취주. 헨리 왕과 호위들 등장

크랜머 〔무릎 꿇으며〕 폐하와, 훌륭하신 왕비께도!
　　　고결한 두 분 대모님과 함께 제가 기원합니다,
　　　하늘이 부모를 행복하기 위해 마련한 바 있는
　　　온갖 위로, 기쁨이, 너무나 우아한 이 숙녀분으로 있으니,
　　　두 분은 시간마다 누리소서.
헨리 왕   고맙소, 우리 대주교.

이름은 뭐라 지었소?

크랜머 엘리자베스입니다.

헨리 왕 일어서시오, 경.

　　　　　〔크랜머가 일어선다〕

　　　〔아기에게〕 이 입맞춤으로 네게 축복을 내리노라―

　　　　　〔그가 아기에게 입을 맞춘다〕

　　　하나님께서 널 보호해 주시기를,

　　　내 그분 손에 네 생명을 맡기노니.

크랜머 아멘.

헨리 왕 〔크랜머, 노공작부인, 그리고 후작부인에게〕

　　　고귀하신 대부 대모님들, 너무 후하게 쓰셨네요.

　　　진심으로 감사드립니다. 이 숙녀도 그럴 테죠,

　　　그 정도 말을 배우게 되면.

크랜머 제가 한 말씀 올리겠습니다, 폐하.

　　　하늘이 지금 명하니까요. 그리고 내가 하는 말을

　　　그 누구도 아첨이라 생각 말기를, 모두 진실임을 알 테니까요.

　　　이 공주 아기씨는―하늘은 늘 그 주변을 도소서―

　　　비록 요람에 있지만, 그럼에도 지금 약속하십니다,

　　　이 땅에 천 곱하기 천의 축복을,

　　　시간이 지나야 무르익겠으나. 그녀는 필히―

　　　그 선덕을 지금 살아 계신 분 대개는 못 보겠으나―

　　　모범이 될 것입니다. 그녀의 동시대 모든 군주들과

　　　그 뒤를 잇게 될 모든 이들에게. 시바 여왕이 꽤나

　　　지혜와 미덕을 탐했다고 하지만, 결코

이 순수한 영혼에는 못 미치게 될 것입니다. 온갖 군주다운 품위,

이와 같이 강력한 걸작을 빚어내는 그것이,

착한 이를 섬기는 온갖 미덕과 더불어,

다시 배가됩니다 공주님에게는. 진실이 키우고,

거룩한 천상의 생각이 늘 조언하게 될 터.

사랑과 경외를 받고. 자신의 백성의 축복을 받고,

그녀의 적은 바람 휩쓰는 밀밭처럼 떨고,

슬픔에 머리를 축 늘어트릴 터. 선이 그녀와 더불어 자라납니다.

그녀의 시대 모든 이 안전하게 먹게 됩니다,

자기가 심은 자신의 포도나무 아래, 그리고 부르죠,

즐거운 평화의 노래를 모든 이웃들에게.

하나님을 진실대로 알게 되고, 그녀 주변 사람들은

그녀한테 배우게 됩니다. 명예의 완벽한 길을,

그리고 그것으로 위대함을 구하죠, 피로써가 아니라.

이 평화가 그녀와 함께 잠드는 것도 아니고, 마치

기적의 새가 죽을 때처럼—처녀 불사조지요—

그녀의 재가 새롭게 창조합니다, 또 다른 후계자를

그녀만큼이나 커다란 경탄을 자아내는 인물로,

그렇게 그녀는 자신의 행운을 물려주게 되는 거죠,

하늘이 그녀를 이 먹구름 세상에서 불러 가게 될 때,

후사가 그녀 명예의 이 성스러운 재에서

그녀만큼 위대한 명성으로 별처럼 솟아오르고,

확고히 자리 잡을 터. 평화, 풍요, 사랑, 진실, 외경,

이것들은 이 선택된 아기씨의 신하였으나,

그때 그의 신하가 되어, 덩굴처럼 감겨들 터.

하늘의 찬란한 태양 빛나는 곳마다

그의 명예와 그 위대한 이름

있을 터, 그리고 새 나라 세울 터. 그는 번창하고,

삼나무처럼 자신의 가지를

주변 온 평원에 뻗을 터. 우리 아이들의 아이들은

이것을 보고, 하늘을 축복하게 될 것입니다.

헨리 왕　놀라운 말씀이오.

크랜머　공주 아기씨께서는, 잉글랜드가 행복하게도,

장수하실 겁니다. 숱한 날들이 그녀를 보겠으나,

업적의 왕관 장식 없는 날 하루도 없을 것입니다.

그 이상은 내가 모를 것을. 하지만 그녀도 돌아가야죠―

그래야죠, 성인들이 데려가야죠―아직 처녀로,

가장 순결한 백합으로 그녀는 가게 될 겁니다

지하로, 그리고 온 세상이 그녀를 애도할 겁니다.

헨리 왕　오 대주교 경,

그대가 이제사 나를 사내로 만들어 주었소. 결코

이 행복한 아이 전에는 내가 이렇다 할 게 없었구려.

이 위로의 신탁은 너무나 기뻐

난 하늘나라로 가서도 보고 싶어 할 것 같소,

이 아이 하는 일을, 그리고 찬양하게 될 거요 조물주를.

모두에게 감사드리오. 그대, 훌륭한 우리 시장과,

그대의 착한 의원들한테, 크게 신세를 졌구려.

그대가 참석하여 내 명예가 크게 더해졌고,

반드시 보답하겠소. 앞장서시오, 경들.
모두 왕비를 보러 가야지, 왕비한테 감사도 받고.
안 그러면 서운해 할걸. 오늘은, 누구도 개의치 맙시다,
집안일을, 모두 일을 쉴 것이니—
이 꼬마가 오늘을 휴일로 만들 것이오.

화려한 취주. 모두 퇴장

에필로그

에필로그 등장

에필로그 십중팔구 이 작품은 결코 즐겁지 않았겠지요
　　　여기 계신 모든 분한테는. 몇몇은 쉬러 오셨지요,
　　　한두 막쯤 잘까 하고, 하지만 이 경우, 아무래도,
　　　우리가 놀래켰겠네요 나팔 소리로, 그러니, 분명,
　　　몇몇한테 이 작품은 말짱 꽝. 다른 몇 분은 시 당국
　　　독한 욕 먹는 거 듣고, '기똥차다!' 고함치러 왔는데―
　　　그런 대목 또한 없었습니다. 그러니, 아무래도,
　　　우리가 기대할 만한 칭찬이라고는,
　　　이 시간 이 작품에서 오로지
　　　착한 여자분들의 자비로운 해석뿐이겠네요,
　　　그런 작품을 그런 분들께 보여 드렸으니. 그분들이 미소 짓
고,
　　　'괜찮네.' 하시면, 얼마 안 가
　　　최고의 남성들 모두 우리 편이겠죠―볼썽사납거든요,
　　　숙녀들이 박수 치라는데 무뚝뚝하게 굴면.

퇴장

1. 잉글랜드 민족 사극들 : 가장 아름다운 예술작품으로서의 역사

고대 그리스 에스킬로스, 소포클레스, 에우리피데스 '비극'의 '소재'는, 최소한 당대인들에게는, '신화'라기보다 아주 먼 옛날의, 그러나 엄연한 역사였는지 모른다. 위대한 그리스 고전 비극들은, 고대 그리스인들에게, 우리들 개념의 '사극'에 더 가까웠는지 모른다. 더 과감하게 말하자면, 그리스 고전 비극이 여전히 위대한 것은, 역사를 당대적 시각에서 다룬 결과로 그것이 갖추게 된 보편성 때문인지 모른다.

셰익스피어의 문학적 감수성으로 보아, 그런 사정은 셰익스피어도 마찬가지였을지 모른다. 즉, 잉글랜드 역사를 다룬 그의 소위 '사극들'은 그에게 민족사극일 뿐 아니라 시사극이었을지 모른다. 그의 마지막 사극 《헨리 8세》의 주인공은 바로 엘리자베스 1세 여왕의 생모를 죽인 엘리자베스 1세 여왕의 아버지였다. 그의 생애 첫 창작 작품은 《헨리 6세 2부》. 《헨리 8세》가 마지막 작품이니(확신할 수 없으나, 합작설이 나올 정도니 아마 마지막이 맞을 것이다) 그는 평생 동안 '시사=역사'의 틀 자체를 연극-예술화하는 입장이었을지 모르고, 그 입장을 '신세'로 생각했을지 모르고, 그 사극 생애의 '핵심=일상'을 비극의 절정으로 응축하는 동시에 희극의 절정으로 해방시켰던 그의 '정신=예술' 속은 우리 생각보다 훨씬 더 역동적이고 다채로운 것이었을지 모른다.

그러나 역사 현장과 전쟁과 폴스타프가 부딪쳐 작렬하는 《헨리 4

세 1부》와 《헨리 4세 2부》만 보더라도, 그의 사극들 또한 틀 자체의 연극-예술화 너머 가장 아름다운 예술 작품으로서 역사에 달하는 과정이었고 갈수록 그 결과였다. 셰익스피어 민족사극들은 전에는 물론 그 후에도 비슷한 사례가 없다. 중세 도덕 막간극이 1547년 무렵 베일의 《존 왕》을 거쳐 생성된 장르가 사극이라고는 하나, 그 《존 왕》은 주인공 말고 다른 등장인물들이 모두 아예 추상들이고 역사는 교훈을 위한 수단일 뿐이고, 1588년 무렵 《존의 골칫거리 통치》에서 추상들이 실제 등장인물들한테 자리를 내주지만, 교훈주의는 여전하다.

자신의 자료를 교훈가나 연대기 작성자가 아닌 극작가로서 다루어 실제 역사를 극화하는 사극 작가는 셰익스피어가 처음이고, (엘리자베스 1세 여왕) 시대 혹은 당대의 공통된 가치와 이상, 그리고 역사관과 세계관으로 거대한 총체를 이루는 그의 위대한 사극 연작에 비견될 만한 것은 다른 어느 나라 문학에도 없다. 그의 사극들이 잉글랜드 역사에 빚진 것이 많은 바로 그만큼, 잉글랜드 역사는 그의 사극들에 빚을 지게 된다.

셰익스피어가 엘리자베스 1세 여왕 시대에 잉글랜드 역사를 만난 것이 문학사상 손꼽히는 행운이라면, 잉글랜드 역사가 셰익스피어를 만난 것은 역사상 손꼽히는 행운이다. 셰익스피어 사극들로 하여 잉글랜드 역사는 세계 어느 나라 역사보다 더 행복한 예술에 달한다. 동시에, 셰익스피어 사극들은, 문학이므로, 셰익스피어 시대를 반영하는 정도를 넘어 셰익스피어 시대의 산물이다. 셰익스피어 사극들 또한, 에스킬로스의 오레스테스 3부작, 소포클레스의 외디푸스 3부작 못지않게, 가족-혈연사고 복수극이지만 그들과 셰익스피어 사이 2천 년이 존 왕과 셰익스피어 사이

3~4백 년으로 응집-심화하면서 '역사-사회-정치적'을 당대-예술화하고, 순식간에 순수문학과 참여문학의 구분이 무의미해지고, 갈수록 민족'주의'가 민족'극예술'로 극복되고, 때때로 혹은 수시로, 중세 기괴가 곧장 현대 기괴로 이어지기도 한다.

셰익스피어 사극들에서는 왕권 강화가 근대화의 다른 이름이다. 역시 사극은 사극이고, 지나간 역사는 지나간 역사였을까? 어쨌거나, 셰익스피어 사극들에는 실제 역사적 사실과 다른 부분이 간간히 눈에 띄는데, 우리가 역사를 인식하고 역사의 대강을 파악하는 데 방해가 될 정도는 아니고, '드라마'를 위해 불가피한 변형이며, 그 강력한 드라마로 하여, 우리의 균형 잡힌 역사 인식에 오히려 더 도움이 된다고 할 수도 있겠다. 드라마가 역사와 똑같기를 바라는 것도 일종의 완고일 테니.

《심벨린》은 보통 비극으로 분류되고, 흔히 셰익스피어의 마지막 비극으로 불리지만, 심벨린은 로마제국 시대 브리튼 왕이고, 《심벨린》은 존 왕부터 헨리 8세 시대까지를 끊기지 않고 담아내는 셰익스피어 잉글랜드 사극들보다 한참 더 앞선 시대에 '동떨어져' 있지만 역사는 전설의, 꿈같은 이야기로 시작되고 사극도 그렇게 시작하는 게 순리다. 그렇다면 그보다 더 앞선 전설 시대 이야기인 《리어왕》은? 시대에 관계없이, 사극들의 프롤로그 역을 맡기에는 너무나 강력하고 걸출한 비극이다.

《심벨린》 2막 3장 '아침의 노래'는 슈베르트가 곡을 붙인 명곡이 전해 오고, 4막 2장 '만가'는 버지니아 울프 소설 《댈러웨이 부인》 주인공 의식의 흐름의 기조를 이룬다.

첫 노래는, 노래가 끝나자마자 웬 막돼먹은 소리? 《심벨린》은 처음부터, 끝나기 직전까지 불안하고, 불안이 불길하다.

브리튼 왕 심벨린의 딸 이너젠이 남모르게 포스튜머스와 결혼하고, 이너젠을 자신의 아들 클로텐과 결혼시키려는 계모 왕비가 그 사실을 일러바치고, 포스튜머스가 추방되는데, 그가 이탈리아에서 아내의 정절을 두고 쟈코모와 내기를 걸고 이길 것을 호언장담 하지만 브리튼으로 건너온 쟈코모가 술수를 부려 이너젠이 잠든 침실에 잠입, 이런저런 가짜 증거를 훔쳐 오고 침실 및 그녀 몸 특징을 설명하니 그걸 철석같이 믿은 포스튜머스는 이너젠에게 자신을 만나러 밀포드 항구로 오라는 편지를 쓰면서 그의 하인 피사니오에게는 오는 도중 그녀를 죽이라고 명한다. 그러나 피사니오는 그녀더러 남장을 하고, 브리튼을 침략 중인 로마 장군 루치우스한테로 가라고 설득하고, 그녀는 오래전 아버지가 추방했던 대신 벨라리어스, 그리고 쫓겨날 당시 벨라리어스가 훔쳐 와 산 동굴에서 키운 두 형제, 즉 그녀의 두 오빠 귀더리어스와 아비레이거스를 만나고, 겁탈을 해서라도 이너젠을 제 것으로 만들려고 그녀를 추적하던 클로텐은 두 형제에게 죽임을 당한다. 몸이 아파 먹은 약이 이너젠을 죽은 듯한 상태에 빠뜨리고 클로텐 시체 곁에 눕혀졌다 깨어나 머리 없는 클로텐 시체를 복장 때문에 포스튜머스 것으로 착각한 이너젠은 루치우스한테로 가고 이어지는 전투에서는 벨라리어스, 귀더리어스와 아비레이거스, 그리고 이탈리아에서 돌아온 포스튜머스의 활약에 크게 힘입어 브리튼인이 대승을 거둔다. 자초지종이 알려지고 온갖 화해와 용서가 이뤄지고, 심벨린은 브리튼과 로마 사이 평화를 위해 로마

황제 아우구스투스에게 조공을 바치겠다 약속하고 모두를 잔치에 초대한다.

'아침노래'는 그 아름다움에 이어지는 클로텐의 막돼먹은 소리가 딱히 음악이 탓은 아니므로 그렇다 치고, 막돼먹은, 그래서 자기들이 죽인, 모가지가 없는 클로텐 시체 옆에 이너젠을 누이며 부르는 아름다운 '만가'라니. 얼핏 《심벨린》은, 마치 《리어 왕》을 해피엔딩 스토리로 바꾸려 어설프게 뜯어 맞추고 땜질한 듯, 어설프고 황당하다. 이탈리아–프랑스–스페인인 혐오가 너무 노골적이다. 그들 대사는 모두 산문이고 이탈리아인들은 모두 악당들이고, 심지어 포스튜머스의 친구 필라리오조차 방관적이지만 그 전에 포스튜머스 대사도 산문이고, 정말 황당한 내기지만, 내기 성립 직후(1막 4장 마지막) 그가 쟈코모와 함께 퇴장하는 것은, 무슨 라스베이거스도 아니고, 정말 드물게 황당하다. 이너젠은 동음이의어 사용의 뉘앙스가, '은연중 뉘앙스'보다 조금 더 강하게, 사태에 대한 책임이 있고, 그래서 알게 모르게, 그녀가 포스튜머스–클로텐 육체 혹은 시체를 혼동할 때 우리는 '오죽하겠어' 느낌에 아주 약간 가닿게 되고, 포스튜머스가 아직도 이너젠을 못 알아보고 때리는 장면은 그 '황당=오죽'의 극치고, '기계에서 나온 신' 개념은 이 모든 것의 연극(용어)적 측면이고, 그렇다 하더라도 클로텐이, 그리고 계모 왕비가 너무 싱겁게 죽는다. 등장인물 아닌 작가 자신이, 뭔가 지쳤다는 느낌이랄까.

하지만, 《심벨린》에는 《리어 왕》뿐 아니라 《폭풍우》 연관도 있고, 그 둘이 적절하게 부딪치거나 결합, 불행과 시련 속에서도 미리 안심하는, 섭리가 편안한 경지랄까 하는 것을 언뜻 발할 때가 있고, 그때 이너젠을 '최고의 이상적인 여성'으로 보았던, 적지 않은 사람들의 말에 고개가 끄덕여지는 대목이 있다. 하여, 5막 5장 교수형 집행을 앞둔 포스튜머스와 옥리가 펼치는 죽음 대 웃음은 《맥베스》에서보다 덜 비극적이고, 산문적이지만, 그 산문 효과가 '만년작'적이다. 1925년 현대 의상의 《햄릿》이 커다란 영향을 끼치기 2년 전에 같은 방식의 《심벨린》 공연이 있었다는 것은 시사하는 바가 적지 않다 할 것이다.

《심벨린》을 가장, 셰익스피어의 다른 어떤 작품보다 더 가혹하게 평가한 것은 버나드 쇼다. 이미 1896년 이너젠 역을 준비 중이던 엘런 테리에게 《심벨린》이 터무니없는 작품이라고 투덜거리더니 급기야 1937년 그는 이 작품의 마지막 막의 결점들을 겨냥한 희곡 《결말을 바꾼 심벨린》을 발표하기에 이른다. 그리고 다행히, '만가' 첫 두 행은 댈러웨이 부인에게 제1차 세계대전의 악몽을 떠올리는 슬픈 만가이자 위엄을 잃지 않는 심오한 인내의 선언으로 거듭난다. 마지막 두 행은 T. S. 엘리엇 시 《요크셔 테리어에게》에서 거의 차용되고 있다. 스티븐 존다임이 아리스토파네스 《개구리들》을 마구잡이로 차용한 동명 뮤지컬에서는 셰익스피어와 버나드 쇼가 최고의 극작가 타이틀을 거머쥐고 되살아나 세상을 더 낫게 할 것이냐를 놓고 경쟁하는데, 죽음에 대한 자신의 견해를 묻자 셰익스피어는 위 만가를 부르는 걸로 답을 대신한다.

《존 왕》은 크게 ('사자심장왕') 리처드 1세 사후 그 둘째 동생인 존 왕과 그 첫째 동생 아들인 '아서 플랜타저넷' 사이 왕위 계승권(상속)을 둘러싼 합법 및 비합법 투쟁, 거래와 정략이 그 줄거리 골간이다. 《리어 왕》에 비해 문학성은 크게 떨어지면서도, 분명 더 높은 사회구성체가 들어서 있고, 왕권과 귀족 사이 경제적 권력 투쟁에서 귀족이 승리한 결과인 마그나 카르타가, 보이지 않거나 아주 희미하게 언급될 뿐이지만, 엄연히 들어서 있다. (사실, 마그나 카르타가 정치-사회적으로 중요해지는 것은 셰익스피어 사후다.) 입성 문제를 놓고 싸우는 것도, 결국 피비릴 것이지만, 우선은 무슨 거래를 방불케 한다.

조카 아서의 잉글랜드 왕위 계승을 지지하는 프랑스 왕 필립과 오스트리아 공작 연합 세력의 사실상 선전포고를 통보 받은 존 왕은 어머니 일리노어, 그리고 리처드 1세의 사생아 필립과 함께 프랑스를 침공했다가 존의 조카딸 블랑슈와 프랑스 왕세자의 결혼으로 평화가 다시 찾아오지만 교황 사절 팬돌프 추기경이 존 같은 골수 이단자와 평화 협정을 맺으면 파문을 시키겠다고 위협하니 프랑스 왕은 존을 배신하고, 이어진 전투에서 잉글랜드가 승리, 사생아 필립이 오스트리아 공작을 죽이고, 아서는 사로잡혀 잉글랜드로 송환되어 살해당할 위험에 처하고, 아서의 어머니 콘스탄스는 슬픔을 못 이긴 광기에 몸부림치다 죽고, 존 왕의 사주를 받은 수행원 휴버트는 차마 아서의 몸에 손을 대지 못했으나, 아서가 달아나려다 죽음을 맞게 되고, 존 왕이 죽였다고 생각한 솔즈베리 등 많은 귀족들이, 잉글랜드를 침공 중인 프랑스 왕세자 쪽에 합류하고, 존 왕은 현시국 통제권을 사생아 필립에게 넘긴 뒤 수도원으로 물러났다 독살당하고, 프랑스 왕세자의 기만술을 눈치 챈 잉글랜드 귀족들이 속속 다시 충성을 맹세하고, 새로 등극한 존 왕의 아들 헨리 3세를 중심으로 똘똘 뭉친 잉글랜드 앞에 프랑스군이 퇴각하며 막이 내린다.

'사생아' 필립 팰컨브리지는 실제 역사에서 아주 희미하게 언급될 뿐이지만, 셰익스피어는 《존 왕》에서 그를 주저 없이 플랜타저넷이 정통이자 제2의 비조로 세워 자신의 사극들을 사실상 '출발'시키며, 이것은 문학적으로 매우 적절한 출발이고, 이것 말고도 《존 왕》은 실제 역사, 혹은 역사서와 어긋나는 내용들이 꽤 있지만 대부분 그 적절함이 야기시켰거나 적절함 속으로 흡수되는 것들이다.

화려장관 볼거리를 관객들이 좋아했던 빅토리아 여왕 시대에는 가장 자주 공연되는 셰익스피어 작품 중 하나였으나 20세기 들면 《존 왕》은 1915년 이후 브로드웨이 공연이 단 한 번도 없고, 1953~2010년 스트렛포드 셰익스피어 축제 공연이 단 4회에 불과한 신세로 전락하지만, 1945년 피터 브룩이 연출한 공연은 그 의미가 적지 않다.

《리처드 2세》를 온통 수놓는 시는 봉건성을 벗는 부르조아적 아름다움의 탄생 과정이라 해도 과언이 아니고, 특히 5막 5장(폼프릿 성 감옥) 전반부 리처드의, 연주되다 그치는 음악과 어우러진, 자신의 소란스런 죽음 직전 독백은 셰익스피어 전 작품을 통틀어 몇 안 되는 압권 중 하나다.

헨리 3세의 세 아들 모두 왕에 오르니, 에드워드 1세(치세 1272~1307), 에드워드 2세(치세 1307~27), 에드워드 3세(치세 13

27~77)가 그들이고 에드워드 3세는 아들 일곱을 두게 되는데, 첫아들 웨일즈 공 에드워드(1330~1376)가 죽자 그의 아들, 즉 에드워드 3세의 장손이 리처드 2세에 오르고《리처드 2세》줄거리는 학정으로 치닫던 그가 에드워드 3세의 넷째 아들인 랭커스터 공작 아들, 즉 사촌 헨리 볼링브루크, 훗날의 헨리 4세에게 밀려나는 잉글랜드 역사의 한 대목이며, 그렇기 때문에《리처드 2세》,《헨리 4세 1부》,《헨리 4세 2부》, 그리고《헨리 5세》를 4부작으로 보아, '헨리 이야기'라는 뜻의 '헨리아드'라 부르기도 한다.

볼링브루크가 리처드의 삼촌 글로스터 공작 암살 죄로 노포크 공작 토머스 모브레이를 고발하자 모브레이가 볼링브루크를 '가장 위험한 반역자'로 맞고소. 리처드는 두 사람의 결투로 자신의 결백을 입증하라 했다가 마지막 순간 모브레이를 영구히, 그리고 볼링브루크를 10년 동안 잉글랜드에서 추방하라 명하고. 아일랜드 원정 경비를 감당해야 했던 그가 사망한 고온트의 재산, 의당 볼링브루크에게 상속되어야 할 그것을 자신의 삼촌 요크 공작, 그리고 노섬벌랜드 백작의 격렬한 반대에도 불구하고 몰수하니, 후자는 자신의 재산을 되찾겠다는 명분으로 권토중래를 도모하는 볼링브루크 쪽에 합류하고, 리처드는 아일랜드 원정을 떠나고 볼링브루크는 요크셔에 상륙, 노섬벌랜드와 함께 버클리 성으로 진격하고 거기에 리처드의 섭정으로 남겨졌던 요크 공작도 어쩔 수 없이 그들을 받아들이고, 웨일즈에 상륙했으나 기대했던 웨일즈 병력이 뿔뿔이 흩어졌거나 자신의 추종자 그린과 부시를 처형하고 높은 인기를 누리는 볼링브루크 쪽에 가담했다는 것을 알게 된 리처드는 요크 공작 아들 오멀을 데리고 플린트 성으로 피신

했다가 거기서 볼링브루크에게 사로잡히고, 볼링브루크는 오로지 자기 재산을 찾으려는 것뿐이라고 강변하지만 볼링브루크 앞에 불려 나온 리처드의 남은 추종자 베이갓이 오멀을 글로스터 공작 살해범으로 지목하고, 볼링브루크가 모브레이 사면령을 내려 오멀과 대질시키려 하지만 모브레이는 베니스에서 이미 죽은 터였고, 불려 나온 리처드가 볼링브루크에게 왕위를 양도하고, 칼라일 주교가 불가함을 주장하다가 노섬벌랜드에게 체포되고, 리처드가 런던탑으로 호송되고, 칼라일 주교와 오멀은 볼링브루크 제거를 도모하고, 리처드는 런던탑 아닌 폼프릿 성으로 가던 도중 왕비와 작별하고, 왕비는 프랑스로 떠나고, 오멀의 음모를 발견한 요크가 서둘러 그것을 알리러 볼링브루크에게 가지만, 그 전에 오멀이 먼저 도착하여 이실직고하며 용서를 구하고, 요크 부인의 간청에 따라 볼링브루크, 헨리 4세가 용서를 하고, 볼링브루크의 명에 따라 리처드는 엑스턴의 피어스 경에게 살해된다.

3막 4장 왕비와 정원사가 나누는 대화는 뛰어난 서정성과 식물의 비유로 리처드 폐위를 예견시키는, 걸작 막간극이다. 마지막 폐위 장면은 엘리자베스 시대에 워낙 민감한 대목이라 검열에 걸렸고, 제임스 1세 왕의 왕권이 안정되고 나서야 비로소 연기 및 인쇄가 가능했고, 에섹스 지지자들의 요청으로 그의 모반 하루 전인 1601년 2월 7일 무대에 올려진, 폐위 장면이 포함된 공연은 말 그대로 역사적인 공연이 되었다.

《헨리 4세》는 '어제의 동지, 오늘의 적'과 치르는 전쟁을 다루는 잉글랜드 사극임이 분명하지만, 동시에, 《1부》는 폴스타프라는 인물을 탄생시키는, 전쟁, 더군다나 내전을 배경으로 더욱 혹심한 희극 걸작이기도 하다. 주인공은 헨리 4세가 아니라 그의 왕세자 해리와 폴스타프 및 그 패거리들이며, 전쟁, 더군다나 내전을 배경으로 더욱, 산문과 운문의, 그리고 산문끼리 쟁패가 파란만장하다. 해리 왕세자는 폴스타프를 날카롭고 효과 있게 공략하지만, 그리고 내용에서 압도적 우위에 있지만 폴스타프는 논리를 넘어서는 희극성의 존재 그 자체고, 5막 3장 해리와, 즉 전쟁 소문이 아닌 전쟁 현실과 직접 마주치는 대목에서 폴스타프의 '코믹'은 일순 나약하여 해리한테 무참하게 '깨'지지만, 그 나약함이 이런 질문을 열기도 한다. 그럴까, 그런가? 그러나 전쟁에서, 죽음 앞에서 용기를 발하는 것이 정말 용기일까, 그건 무지 아닐까? 그거야말로 위선 혹은 비겁 아닐까? 무엇보다, 평화는, 그리고 희극은 유지되어야 하는 것 아닐까?

《2부》는 그에 비해 산문이 무척 지루하고 폴스타프가 잉여 출연인 느낌이 갈수록 강하며, 에필로그 직전 (헨리 5세에 오른) 해리 왕세자가 폴스타프에게 전하는 이별 통고는 그 자체로 적절하지만, 극 전체로 볼 때 너무 늦었고, 너무 늦었으므로 폴스타프의 대응은 희극적이기는 커녕 그냥 비루할 뿐이다. 그리고, 곧 이어지는 에필로그가 다음 작품에서도 그가 등장한다고 예고하지만 《헨리 5세》에는 폴스타프가 나오지 않고, 그의 죽음이 잠깐 언급될 뿐이다. 1부의 퀴클리('재빨리'), 개즈힐('쏘다니는 언덕')에 덧붙여 돌 티어시트('인형 뜯어내고 괜찮은 쪽'), 스네어('올가미'), 팽('독이빨'), 모울디('곰팡이 낀'), 워트('사마귀'), 휘블('연약한'), 불카프('수송아지') 등 우수마발 백성들의 뜻이름들이 많이 나오는 것은, 이름이 굳어지고 족보가 생겨가는 근대, 더군다나 참혹한 전쟁과 혹심한 희극 사이 절묘한 그것이라고나 할까.

《1부》 1402년 6월~1403년 7월 핫스퍼, 그의 아버지 노섬벌랜드, 그리고 그의 삼촌 우스터 백작이 핫스퍼 아내인 퍼시 부인의 오빠 모티머 영주, 모티머 부인의 아버지인 오웬 글렌다워, 그리고 더글라스 백작과 합세, 반란을 일으키지만 약속 장소인 슈루즈버리에서 핫스퍼와 실제로 합류한 것은 우스터와 더글라스 뿐, 핫스퍼는 왕세자(웨일즈 공) 해리와의 결투에서 패하여 죽고 우스터는 처형되고 더글라스는 풀려나는데, 왕세자 해리는 평소 폴스타프 패거리들과 어울려 물주 노릇을 해 주고 함께 도둑질도 하고 '멧돼지 머리 여인숙'에서 부왕과의 가상 만남을 꾸며 우스갯거리로 만드는 등 방탕 및 패륜 행각을 부러 벌이다가 3막 2장 부왕과 실제로 만난 자리에서 본심을 드러내며 참회의 눈물을 흘리고, 부자 화해가 이뤄지고, 왕세자의 위용을 갖춰 전장에 나온 터였고, 폴스타프도 슈루즈버리에 있었다.

《2부》 1403~13년 스크로우프 대주교, 헤이스팅스 경, 그리고 문장원 총재 토마스 모브레이가 반란을 일으켰다가 술수에 넘어가 스스로 군대를 해산하고 처형당하는데, 운문을 희화화하는 피스톨이 처음 등장하고 폴스타프는 여인숙 여주인 미세스 퀴클리, 창녀 돌 티어시트와 오래 놀아나더니 징병을 한답시고 간 곳에서 만난 시골재판관 로버트 섈로우를 꼬드겨, 왕세자가 자신의 막역 친구인데 곧 왕에 오를 것이고 그러면 좋은 일이 있게 해 주겠다며 천 파운드를 빌리지만, 런던에서 만난 그 왕세자, 헨리 4세가 죽어 헨리 5세에 오른 그의 친구는 면박을 주며 자기 눈앞에서 꺼지라고 말한다.

극중 모티머는 오웬 글렌다워의 딸과 결혼한 에드먼드 모티머 (1409년 사망)와, 리처드 2세가 후계자로 인정했던 조카 에드먼드 모티머(1424년 사망)를 합쳐 만든 등장인물. 이 등장인물로 인해 요크 가문 전체가 에드워드 3세의 아들들과 실제 역사보다 한발 더 가깝게 된다.

《헨리 5세》의 압권은 단연, 위 대사의 힘을 받아, 전투를 앞두고 수적으로 완전 열세인 병사의 사기를 정말 극적으로 북돋우는 헨리 5세의 연설(4막 3장). 방백에서 절묘하게 이어져 공연 효과는 더 크다. 젊은 왕이 밤에 변장을 하고 막사를 돌아다니며 불안에 떠는 병사들을 달래고 그들이 자신을 정말 어떻게 생각하는지 살피고, 자신도 그냥 사람일 뿐인데 왕으로서 져야 하는 도덕적 책임에 대해 고뇌한 뒤의 연설인 것을 감안하면 감동은 배가된다. 이것을 따로 '크리스퍼누스 축일 연설'이라고 부른다.

캔터베리 대주교의 말에 고무되어 프랑스 왕관을 거머쥐기 위해 프랑스 원정을 떠나기 전 헨리 5세는 사우샘튼에서 자신을 암살하려는 케임브리지 백작, 스크로우프 경, 그리고 토머스 그레이 경의 음모를 발견, 이들을 처단하고 아르플레르를 점령, 칼레를 향하다가 아젱쿠르에서 프랑스 대군을 만나지만 크게 승리하며 트르와 조약으로 프랑스 왕의 딸 카트린느와 결혼하는데, 극 초

반, 피스톨과 결혼한 옛 퀴클리가 폴스타프의 죽음을 알리고 피
스톨, 바돌프, 그리고 님이 원정대에 참가하지만 바돌프와 님은
약탈죄로 교수형 당하고, 피스톨은 웨일즈인 지휘관 플루얼런을
모욕했다가 그에게 흠씬 얻어맞고 부추 모양 채소 리크를 강제로
먹게 되며, 해리 왕은 플루얼런을 잉글랜드 병사 마이클 윌리엄
즈와도 싸우게 만든다.

윌슨(Wilson, John Dover, 1881~1969)은 폴스타프가 《헨리
5세》에 원래 등장할 예정이었으나 켐페가 떠나 마땅한 배우가 없
자 폴스타프 대사를 빼고 새로운 에피소드를 집어넣거나 피스톨
이 폴스타프 대신 리크를 먹게 한 것이라고 주장한 바 있지만, 어
쨌거나, 피스톨의 운문 희화화는 《헨리 5세》에서 아예 거덜 난 운
문 차원에 달하고, 님, 바돌프, 피스톨의 코미디는 죽어서도 희극
적인 폴스타프 죽음에 무척 심오한 페이소스를 부여한다. 바돌프
의 외모는 전쟁-일상의 참상을 희극-역설적으로 강조하고, 아일
랜드 방언, 웨일즈 방언, 스코틀랜드 방언의 군인-지휘관들 또한
못지않게 멍청하고, 희극적이다. 해리는 전 작품에서와 마찬가지
로 산문과 운문을 모두 구사하지만, 이번에는 서민과 귀족-왕족
모두를 대변하기 위해서며, 헨리 5세의 카트린느 구애는 전부 산
문이지만 폴스타프풍 산문은 아니고, 불어 동음이의의 과감한 구
사는 귀족 사회 너머 국제(화) 사회를 반영한다. 소년의 죽음은,
미래-비극적이다.

《헨리 6세 1, 2, 3부》의 주인공 헨리 6세(1421~71)는 헨리 5세와 카트린느 사이에 난 유일한 아들로 돌을 맞기 전 1422년 잉글랜드 왕위에 올랐고, 1426년 웨스트민스터에서, 그리고 1431년 파리에서 대관식을 치렀고 1440~41년 이튼 칼리지, 킹스 칼리지, 케임브리지 대학을 잇달아 세웠으며 1445년 앙주의 마가릿과 결혼했는데, 온화하고 참을성 있는 성품이었으나 아버지가 남겨 준 프랑스 유산을 지켜 내거나 잉글랜드 내 랭커스터 가와 요크 가 사이 장미전쟁을 막을 만큼 강하지는 못하더니, 1471년 튜크스베리 전투 이후 피살된다.

《1부》 헨리 5세가 죽고 6세가 즉위한다. 잉글랜드인은 프랑스 내 영지를 지키려 하지만 성처녀 잔('창녀이자 마녀')의 활약에 자꾸 밀리고 잉글랜드 군을 이끌며 용감하게 싸워 수차례 승리를 거둔 탈봇도 결국 죽고 잉글랜드 내부에서 호국경 글로스터 공작과 윈체스터 주교 헨리 보포트(훗날 추기경) 사이 알력이 심해지며 템플 정원에서 양쪽이 각각 붉은 장미와 백장미를 뽑아 랭커스터 가와 요크 가 사이 본격적인 장미전쟁의 시작을 알리고, 헨리 6세는 나폴리 왕이자 앙주 공작인 르네의 딸 마가릿과 결혼한다.

《2부》 왕이 마가릿과의 결혼 선물로 앙주와 마인을 장인에게 양도한 것에 격렬한 이의를 제기하는 호국경 글로스터에게 마가릿 왕비, 추기경 보포트, 왕비의 연인 서포크, 그리고 요크가 앙심을 품고, 왕을 해코지하는 마법을 썼다는 누명을 씌워 글로스터 공작부인을 추방하더니, 글로스터마저 체포한다. 살인 혐의로 추방된 서포크가 해적들한테 다시 피살되고, 4막 대부분은 잭 케이드의 반란과 죽음의 장. 5막에서 장미전쟁이 시작되어 헨리 왕, 마가릿 왕비, 서머싯 공작과 늙은 클리포드 영주가 랭커스터 편에 서고 워릭 백작과 그 아들 솔즈베리 백작이 요크와 그 아들들을 지지한다. 1455년 세인트 앨번즈 전투가 벌어지고 서머싯 공작과 클리포드 영주가 전사한다.

《3부》 세인트 앨번즈 전투가 끝나고 헨리 6세가 요크를 자신의 왕위 계승자로 하지만 마가릿 왕비는, 아들 클리포드의 후원을 업고 자신의 적통 왕세자 에드워드를 위해 싸움을 계속, 웨이크필드에서 클리포드가 요크의 어린 막내아들 러틀랜드를 죽이고 요크도 사로잡혀 클리포드와 마가릿에게 모멸당한 후 칼에 찔려 죽는다. 하지만 요크의 두 아들, 훗날 에드워드 4세(치세 1461~83)와 리처드, 훗날 리처드 3세(치세 1483~85)가 1461년 타우튼 전투에서 랭커스터 가문을 물리치고, 여기서 클리포드가 살해당하고 헨리 6세가 체포당하고 왕에 오른 에드워드가 엘리자베스 우드빌과 결혼하자 워릭이 마가릿 편에 합류, 헨리를 풀어주고 에드워드를 사로잡지만 에드워드는 달아났다가 헨리를 다시 사로잡고, 1471년 바넷 전투에서 워릭군을 물리치고 워릭을 죽인다. 1471년 튜크스베리 전투에서 랭커스터 가문이 최종적으로 패퇴하고 헨리 6세의 맏아들 에드워드를 칼로 찔러 죽이며, 리처드는 런던탑으로 달려가 헨리 6세를 죽인다.

장미전쟁을 다루면서 특히, 법률용어가 난립한다. 초기작이지만 탈봇의 절규는 리어 왕을 연상시키기에 족하고, 서포크가 마가릿을 '꼬시'는 이야기는, 그에 비하면 더욱, 지루하고 지리멸렬한 코미디지만, 잠깐 동안의 평화 속이라는 것을 감안하면 그럴 법하기도 하다. 평화란 그런 것이고, 그래서 좋은 거니까. 폴스타프를 뒤집었달까. 그것을 다시 뒤집어 잭 케이드를 그리 심하게 희화화했을까? 서머싯 공작은 헨리 보포트와, 그의 공작 작위를 물려받은 동생 에드먼드를 합친 인물이다.

《리처드 3세》는 기형의 왕이 벌이는, 소름끼칠 정도로 기괴하고 끔찍한 정치의 장이다.

에드워드 4세(1442~1483)는 잉글랜드 최초의 요크 가문 출신 왕으로 1461. 3. 4.~1470. 10. 3 통치 때는 폭력으로 얼룩졌고 잠시 랭커스터 가문에게 밀렸으나 튜크스베리 전투 때 랭커스터 가문을 완전 제압하고 다시 왕위에 오른 뒤 나라를 평화롭게 다스리다가 갑작스레 죽음을 맞은 인물이다. 꼽추 리처드, 훗날 리처드 3세의 맨 처음 독백을 우리는 이 책 맨 앞에서 이미 읽었고 그의 치세는 2년에 불과하다.

에드워드 4세의 임종이 시시각각 다가오고 그의 둘째 동생인 리처드가 왕위를 차지하려면 그와 왕좌 사이 여섯 사람, 에드워드의 두 아들, 즉 왕세자 에드워드와 요크 공작, 그리고 에드워드의 딸 엘리자베스, 리처드의 형인 클래런스, 클래런스의 어린 아들과 어린 딸을 처리해야 한다. 1막에서 리처드는 형 클래런스를 런던탑에 갇히게 만든 다음 다시 손을 써서 죽이는 데 성공하고, 튜크스베리에서 자신의 손으로 직접 죽인 헨리 6세 왕세자 아들 에드워드의 미망인 앤 부인한테 뻔뻔스럽게 구애, 훗날, 놀랍게도, 결혼하는 데 성공한다. 헨리 6세의 미망인 마가릿은 코러스처럼 출몰하며 철천지원수들인 요크 가문 사람들을 저주하는 한편 리처드를 조심하라 경고하고, 에드워드 4세가 죽자 리처드는, 버킹검 공작의 후원을 받으며 왕비파를 공격, 그녀 동생 리버즈 백작과, 그녀가 전 남편 사이에 낳은 아들 그레이 경, 그리고 에드워드의 고명대신 격인 궁내장관 헤이스팅스 경을 죽이고, 에드워드의, 에드워드 5세로 등극이 예정된 왕세자와 왕자 요크 공작을 런던탑에 가두고, 버킹검 공작이 런던 시민을 설득하여 리처드를 왕으로 선포케 하고, 왕에 오른 리처드가 런던탑의 왕세자와 왕자를 암살케 하고, 에드워드의 딸 엘리자베스와는, 자책과 병으로 죽어 가는 아내 앤을 더 빨리 죽게 조치한 후, 결혼하려 계획한다. 클래런스의 딸은 신분이 미비한 신사와 결혼할 것이고, 그의 아들들은 멍청하니 그만하면 되었다. 그런데 왕세자를 죽인 것에 대해 버킹검 공작 마음이 갈팡질팡하고, 리처드가 내치니 버킹검은 헤이스팅스의 친구 스탠리 경의 사위인, 랭커스터 가문의 리치먼드 백작 헨리 튜더, 훗날의 헨리 7세와 합류하려다 사로잡혀 처형되고, 상륙한 헨리 튜더의 군대가 보스워스에서 리처드 군대와 마주친다. 전투 전날 밤 리처드가 죽인 사람들의 유령이 차례차례 나타나 그를 저주하고 그의 패배를 예언하고, 그 예언대로 되고 헨리 튜더가 헨리 7세로 추대된다.

리처드 3세의 찬탈 과정은 속이 빠르고, 헨리 7세 등장 이전까지는 명분도 아름다움도 의리도 비극성도 동반 퇴색하지만, 리처드 3세가 리처드 3세를 기괴하게 여기는 극에 달할 때까지 축적되는 기괴의 과정, 그 기괴의 미학, 즉 기괴의 이미저리와 그럴듯함은, 사례를 찾기 힘들다. 실제 역사에서 마가릿은 장미전쟁 패배 후 그녀 아버지가 몸값을 지불하고 데려갔고 그 뒤 잉글랜드로 돌아오지 않았다.

1955년 올리비에는 자신이 감독 출연한 영화 한 편으로 가장 유명한, 그리고 가장 자주 패러디되는 리처드 3세 배우가 된다. 셰익스피어 《헨리 6세 3부》의 몇몇 장면 및 연설을 시버가 다시 쓴 희곡 '리처드 3세'와 합친 그 영화 대본에는 마가릿 왕비와 요크 공작부인이 아예 없고, 위 리처드의, 유령들의 저주 그 후 독백이 없다. 코미디언 피터 셀러즈는 1965년 비틀즈 음악 특집 TV 방송에서 비틀즈 노래 '고된 하루의 밤'을 올리비에의 리처드 3세 풍으로 읊었고, BBC TV 시튜에이션 코미디 《블랙 애더》 시리즈 첫 에피소드 또한 올리비에 영화를 일부 패러디, '자애로운' 리처드가, 셰익스피어 원작 대사를 망가뜨린다. 이제 우리 달콤한 만족의 여름은 구름 뒤덮인 겨울이 되었다 이 튜더의 구름들이 해냈어······. 2002년 영화 《거리의 왕》은 리처드 3세 이야기를 갱단 풍속도로 녹여 내고, 2011년 영화 《왕의 연설》에는 '이제 우리 불만의 겨울은/ 영광의 여름 되었다 이 요크 가문 태양 아들이 해냈어' 대사를 읊는 리처드 3세 배역 오디션이 나온다.

튜더 가문의 첫 왕 헨리 7세(치세 1485~1509)는 1483년 자신의 맹세를 지켜 1486년 요크의 엘리자베스와 결혼, 요크 가와 랭커스터 가를 통합하는 식으로 튜더 왕가 왕권 기반을 탄탄히 다졌고 그의 사망 후 헨리 8세가 순조롭게 왕위를 이어 받았다.

《헨리 8세》는 지문이 셰익스피어 작품 가운데 가장 정교하며, 도버 윌슨 및 소수를 제외한 셰익스피어 학자들이 존 플레처와 합작인 것으로 여기며, 아마도 셰익스피어가 1막 1장과 2장과 4장, 3막 2장 1~203행(왕의 퇴장까지), 5막 1장을, 플레처가 프롤로그 및 에필로그를 포함한 나머지를 썼을 것이고, 드라마라기보다는 일련의, 각 개인들이 겪는 재앙이나 사건들의 나열이다. 울시 추기경과의 권력투쟁에서 밀려 대역죄로 고발당하고 재판받고 처형당하는 버킹검 공작, 강제 이혼당하고 끝내 죽음을 맞는 캐서린 왕비, 왕과 결혼하는 앤 불린, 그것을 막으려던 음모가 들통 나 실각하고 역시 죽음을 맞는 울시, 캔터베리 대주교에 임명되었다가 윈체스터 주교 가디너의 탄핵을 받지만 왕이 나서서 위기를 모면시켜 주는 크랜머…… 그리고 마지막은 앤 불린과 헨리 8세 사이 태어난 국왕 장녀 엘리자베스, 훗날 엘리자베스 1세의 세례식을 축하하는 일대 소란이고 장관이다.

2. 셰익스피어 '연극=생애' 안팎

튜더 왕조 시대부터 지금에 이르기까지 잉글랜드(영국) 왕실은 일을 크게 세 가지로 나누어 고관에게 각각의 책임을 맡기는바, 왕실 제3위 고관인 사마관(司馬官, the Master of the Horse)이 주로 바깥일을, 제2위 고관인 가령(家令, the Lord Steward)이 음식과 음료, 조명 및 난방 따위 지하 일을, 그리고 제1위 고관 궁내장관(the Lord Chamberlin of the Household)은 지상의 모든 일을 담당한다. 군주의 거처, 의상, 여행, 손님 접대,

여흥 등등. '궁내'는 다시 둘로 나뉘는데, 1) 궁내 사실(私室)은 엘리자베스 1세 여왕 시대의 경우 궁내장관, 부장관, 기사 4명, 기사장(Knight-Marshall), 신사 18명, 궁내관(Gentleman-Usher) 4명, 말구종장(Groom-Porter), 말구종 14명, 고기 써는 사람 넷, 술잔 따라 올리는 사람 셋, 재봉사 넷, 수행 기사 종자(Squire to the body) 넷, 2등 궁내관(Yeoman-Usher) 넷, 시동 넷, 전령 넷, 여왕 전속 목사(Clerk of the Closet) 둘, 그리고 많은 귀족 신분 시녀 및 하녀들이, 2) 알현실은 수행 시하인(Esquire of the Body)들과 더 많은 궁내관 및 말구종들이 관리했다.

셰익스피어는, 모든 배우-공동소유주들이 그렇듯, 궁내장관 직속의 말구종 신분이지만, 월급을 받은 것은 아니다. 잔치 및 공연 따위를 담당하는 일이 헨리 7세 때 상설 부서로 격상되고 책임자가 임명되었는데, 직제상 궁내장관 직속이지만 점차 극장 전반에 폭넓고 독립적인 권력을 행사하게 된다. 공공극장에서는 오후 두 시경 공연이 시작되어 두 시간 혹은 두 시간 반 동안 이어졌고, 개인 극장에서는 어차피 인조 조명이 필요했으므로 더 늦게 시작할 수도 있었다. 포스터 따위로 공연 작품을 홍보했고, 트럼펫을 세 번 불어 공연 시작을, 깃발을 달아 공연 중임을 알렸다. 비극일 경우 천정에 검은 커튼을 매달았다. 극장 입구에서 입장료를 거뒀고, 최상층 관람석 입구에서 추가 요금을 받았다. 세 번째 트럼펫 소리가 울리면 프롤로그가 전통적인 검은 복장으로 등장하고 연극이 공연되는데, 공공극장에서는 아마도 중간 휴식이 없었지만, 개인 극장에서는 음악을 위한 중간 휴식이 있었고, 이 전통을 17세기 초 극장들이 변형된 형태로 채택하게 되었을 것이다.

공연이 끝나면 에필로그가 나와 관객에게 박수갈채를 부탁하고, 지그 춤곡이 이어졌다. 관객들이 빠져나가면 배우-극장주들이 거둔 돈을 계산, 최상층 추가 요금의 반을 임대료로 극장주(아마도 자기 자신들)에게 지불하고 고용 배우들에게 급료를 주고 나머지를 자기들이 챙겼다. 역병과 청교도들이 배우들의 최대 적이었다. 런던은 상인과 장인들, 그들의 도제들과 여행자들의 도시였고 도시를 다스리는 것은 런던 시장, 그리고 12개 복장 조합이 선출한 대표들로 구성된 시 자치체였는데, 역병이 돌면 추밀원이 시 자치체 성화에 못 이겨 극장 폐쇄를 명할 밖에 없었고 그러면 런던 배우들은 지방을 순회하며 지역 터줏대감 극단들과 힘겨운 경쟁을 벌여야 했다. 1584년 배우들은 역병으로 인한 사망자가 주 50명을 넘지 않는 한 공연을 허락하는 게 이치에 맞다고 주장했고 시 자치회는 온갖 원인으로 인한 사망자 수가 3주 연속 50을 넘지 않아야 한다고 답했는데, 1607년에는 역병 희생자 수가 30을 넘을 경우, 그 후에는 40을 넘을 경우 자동적으로 극장 문을 닫았을 것이다.

셰익스피어 사극들을 따라 우리는 곧장 셰익스피어 탄생 직전까지 왔다. 피터 홀의 '완전히 다른 사람이 되는 능력'과 '그 능력을 다룰 수 있는 또 다른 능력'은 물론 역사상 가장 민활한 시적 상상력과 연극 기획력, 그리고 극장 운영 수완을 갖춘 예술가 가운데 하나였던 그를 통해 잉글랜드 역사가 응집, 현재화할 뿐 아니라, 예술-미래화한다. 그리고, 첫 작품 《헨리 6세 2부》를 쓰기 시작한 1590년부터 마지막 작품 《헨리 8세》를 마친 1613년까지 이어지는 그의 '연극=생애'는 잉글랜드 역사 이전 그리스 신화(《한여름 밤의 꿈》), BC. 1천2백 년 무렵 미케네 문명 그리스인들이 10년 동안 벌인 트로이 전쟁(《트로일루스와 크레시다》), 소포클레스(497~406 BC.) 당대인 BC. 491년 무렵 볼스키 족을 이끌고 로마를 공격했으나 아내와 어머니의 간청에 로마를 봐주고, 오히려 볼스키 족한테 죽임을 당하던 초기 로마 공화국 귀족(《코리올라누스》), 에우리피데스(469~399 BC.)와 소크라테스(450~404 BC.) 당대 그리스(《아테네의 타이먼》), 헬레니즘 시대(《페리클레스》), 로마공화국이 제정으로 넘어가던 시절(《줄리어스 시저》, 《안토니와 클레오파트라》), 그리고 플루타르크(46~110) 당대 (《티투스 안드로니쿠스》) 역사까지 응집, 현재화하고, 예술-미래화한다. 그리고 걸작들은 그 응집, 현재화, 예술-미래화를 끊임없이, 갈수록 질 높게 추동하는 동시에 끊임없이 그 추동의 결과물이다.

김정환

1954년 서울 출생. 서울대 영문과를 졸업했다.
1980년 《창작과 비평》에 시 '마포, 강변동네에서' 외 5편을 발표하면서 작품 활동을 시작했다.
시집 《지울 수 없는 노래》 《하나의 이인무와 세 개의 일인무》 《황색예수전》 《회복기》
《좋은 꽃》 《해방 서시》 《우리 노동자》 《기차에 대하여》 《사랑, 피티》 《희망의 나이》
《노래는 푸른 나무 붉은 잎》 《텅 빈 극장》 《순금의 기억》 《김정환 시집 1980-1999》
《해가 뜨다》 《하노이 서울 시편》 《레닌의 노래》 《드러남과 드러냄》 등 20여 권의 시집과,
소설 《파경과 광경》 《세상 속으로》 《그 후》 《사랑의 생애》,
산문집 《발언집》 《고유명사들의 공동체》 《김정환의 할 말 안 할 말》,
평론집 《삶의 시, 해방의 문학》, 음악 교양서 《클래식은 내 친구》 《내 영혼의 음악》,
문학 창작 방법론 《작가 지망생을 위한 창작 강의 일곱 장》,
역사 교양서 《상상하는 한국사》 《20세기를 만든 사람들》 《한국사 오디세이》 등이 있으며,
《더블린 사람들》 《셰익스피어 평전》 등을 번역했다.
2007년 제9회 백석 문학상을 수상했다.

헨리 8세

Copyright ⓒ 김정환, 2012

첫판 1쇄 펴낸날 | 2012년 10월 20일
지은이 | 셰익스피어
옮긴이 | 김정환
펴낸이 | 박성규
펴낸곳 | 도서출판 아침이슬
등록 | 1999년 1월 9일(제10-1699호)
주소 | 서울시 은평구 신사동 25-6(122-882)
전화 | (02)332-6106
팩스 | (02)322-1740
이메일 | 21cmdew@hanmail.net
ISBN 978-89-6429-131-3 04840
ISBN 978-89-6429-132-0 (세트)
책값은 뒤표지에 있습니다.